韓国語必須単語
6000

外国人が必ず知るべき
国立国語院 選定 6,000単語 ABC頻度順分類

李在郁 編著

머리말
はじめに

英語と中国語が世界語としての威勢をとどろかせている間、韓国語はずっと地域語の水準に留まっていた。

しかし近頃、東南アジアを始めとした世界各国で'韓流'ブームが広がり、それと共に韓国語学習の熱気は高まっている。

中国の場合、韓国語学習者は日本語よりも上回って、第二外国語までになり、大学の韓国語専攻の学生は、2年生になれば企業から前もって就業を保証されるまでの人気の学科になった。

日本でも韓国ドラマの影響で、韓国語を学ぶ人が増えていることは極めて鼓舞的なことである。現在、東南アジア全域で、韓国語は主要な外国語として位置付けられている。これに合わせ、韓国の大学も東南アジアに韓国語教育センターを開設するなど、ハングルの世界化のための努力を惜しずにいる。

しかし、このような現実にもかかわらず数年前までは、韓国語のいい教材がまったくといっていいほどなかった。

머리말
はじめに

　最近ようやく約300余種の韓国語教材が出てきて、国内にも韓国語教育センターができるなど、韓国語補給促進に有利な条件ができている。

　筆者は10余年を中国で過ごしながら、大学と施設教育機関で韓国語を教える間、外国人に適した韓国語の教材を開発しようと努力してきた。

　ひとつの外国語を確実に学ぼうとするとき、基本的な文法体系をよく理解した上で、語彙量を増やすことが最も早い道であることは言うまでもない。言語が建物だとすれば、文法は設計図であり、語彙は煉瓦だ。この本は皆さんの手に煉瓦を握らせるために作ったものである。

　語彙をより多く掌握したいなら、品詞についての概念を分かっていなければならない。そうすれば、文章での機能を把握できるだけではなく、一度身についた単語は簡単には忘れない。このような訳で、この辞典の書き出しには韓国語の品詞についての基本概念を整理した。

　次に、語彙の配列は'国立国語院'にて選定した

6000個の語彙を'가나다'順に並べ、各語彙の前には頻度に従ってABCを表記した。趣味で韓国語を学ぶ読者は、A級用単語1087個のみ覚えても基本的な会話はできるようになるだろう。また、韓国留学を希望したり、韓国企業への就職を目標にする学生は6000個の単語を全て覚えなければならないだろう。

　皆さんが語彙という多様な煉瓦で、立派な家を建てることを期待している。

凡例
일러두기

1 〈国立国語院〉が頻度別に選定した6000個を要約し、'가나다'順に整理した。これは韓国語を学ぶ外国人が必ず覚えなければならない単語である。

2 全ての見出し語は使用頻度に従って、最も多く使われるA級用1087個、B級用2111個、C級用2872個の3等級で分けられており、C級単語をマスターすれば韓国語能力試験6級まで対応することができる。

3 単語を覚えるに先立って韓国語の文法的特徴と品詞についての基本的な説明を載せ、単語だけ覚える単純学習ではなく、基礎からきちんと理解しながら学習できるようにした。

4 全ての単語を'가나다'順に整理することで単語をスムーズに調べられるようにした。また単語ごとに品詞を表記し、単語の理解に役立てるようにした。

5 '하다'形名詞は後ろに(하)をつけて、動詞として活用できるということを表記した。
   例 가능(可能)(하)

6 漢字語でできている単語は漢字を明記することで、日本人学習者にとって覚えやすくした。
   例 가격(價格)

7 意味が複数に使われる場合 ❶、❷などの番号を付け、説明を付け加えた。

8 外来語単語には該当の外来語を明記した。
   例 가이드(guide)

9 表記法と読み方が異なる場合には[ ]に読み方を明記した。
   例 가깝다[-따]

韓国語能力試験に関して

❶ 韓国語能力試験(TOPIK)http://www.topik.or.kr
❷ 世界韓国語認証試験(KLPT)http://klpt.org
❸ 韓国語レベルテスト(KLT)http://www.kltkorea.com

韓国語について

1章 _ 韓国語の文法的特徴と品詞
2章 _ 名　詞
3章 _ 代名詞
4章 _ 数　詞
5章 _ 動　詞
6章 _ 形容詞
　🐢 _ 体言と用言
7章 _ 冠形詞
8章 _ 副　詞
9章 _ 感嘆詞
10章 _ 助　詞

1章 韓国語の文法的特徴と品詞

　母国語を知らない人は外国語を学ぶことができない。言語についての最小限の理解がなければ他の外国語もきちんと習得できない。

　言い換えると、外国語を習得するということは、自身が知っている母国語との違いをよく理解するということが外国語学習の第1段階だということである。

　それでは、韓国語はみなさんが知っている母国語とどのような違いがあるのか調べてみよう。

1 韓国語の文法的特徴

① 母音調和現象がある。

母音は陽性母音と陰性母音に分けられる。ここで陽性母音(ㅏ, ㅑ, ㅗ, ㅛ)は陽性母音どうし、陰性母音(ㅓ, ㅕ, ㅜ, ㅠ)は陰性母音どうし組み合わさる現象を母音調和現象という。このような現象は擬声語や擬態語、または語幹と語尾の間にはっきりと現われる。

例 펄럭펄럭, 찰싹찰싹, 얼룩덜룩, 깎아, 꺾어, 퐁당퐁당 등

❷ **頭音法則がある。**
  ① 単語の初めの音に'ㄹ'や'ㄴ'がくることを嫌う。
    例 력사 → 역사, 녀자 → 여자
  ② 外来語を韓国語で表記する際、初めの音に子音が重ならない。それで、'ㅡ'音を添加する。
    例 strike → 스트라이크, prime → 프라임

❸ **修飾語が非修飾語の前に置かれる。**
  修飾語は前に置かれ、後ろに来る単語を修飾する。
  例 빨리 간다, 착한 사람

❹ **'主語+目的語+述語'の構造をもつ。**
  英語や中国語とは違い、韓国語は目的語が先に置かれ、最後に叙述語が置かれる。
  例 나는 학교에 간다, 동생이 밥을 먹는다.

❺ **形容詞が多様である。**
  事物の形態を形容する形容詞が非常に発達している。これは他の外国語には見られない部分である。
  例 파랗다, 파릇파릇하다, 파르스름하다

❻ 尊敬語が多様である。

尊敬語が多様であることは外国語学習者には頭の痛いことだ。しかし、尊敬語をきちんと駆使してこそ韓国語をマスターしたことになる。

例 간다 → 가시오·가세요·가십시오·가시게
・가게·가시지요

❼ 子音同化現象が激しい。

音節の終わりの子音が、その後ろに来る子音とぶつかるとき、どちらか一方が他方に影響されて、それと似たり同じ音になったり、あるいは両方が互いに似た音になって、二つの音が変わったりする現象。

例 밥물 → 밤물, 종로 → 종노,
섭리 → 섭니, 신라 → 실라

❽ 漢字語と外来語が多い。

韓国語には漢字語が多いため、単語の中に漢字語が半分以上を占める。また、西洋文化の影響から外来語も極めて広範囲に使用されている。

例 학교(學校), 정치(政治), 문화(文化),
컵(cup), 텔레비전(television)

❾ 用言の変化が多い。

動詞と形容詞は基本形で使われる場合はめったになく、大概状況に合わせて語尾変化を起こす。我々は語尾の変化を通して文章の形態と意味を知ることができる。

例 가다(基本形)
가니?(疑問形) → 갑니까?
갑시다(勧誘形)
가시오(命令形)
가지 마십시오(禁止)
가면(仮定)
가도(条件)
갈수록(漸層)
가든지(選択)

❿ 格助詞が発達している。

韓国語は文章の基本語順が'主語＋目的語＋述語'ではあるが、その位置は比較的自由だ。それは格助詞が発達しているためである。中国語は文章に置かれる位置によって文章の成分が決定されるが、韓国語は格助詞によって文章の成分が決定される。

主格助詞(이/가, 께서)
目的格助詞(을/를)

冠形格助詞(의)
副詞格助詞(에, 에게, 께, 에게, 에게서)
接続格助詞(과/와, 하고)
呼格助詞(아/야)
補格助詞(은/는, 도, 마저, 부터)

❷ 韓国語の品詞

　品詞とは、性質が共通する単語どうし集めた単語の分岐点をいう。

　品詞は単語がもっている機能、形態、意味によって分類される。韓国語は一般的に名詞、代名詞、数詞、動詞、形容詞、連体詞、副詞、感嘆詞、助詞など9つの品詞で区分される。

　ここで自立性の有無に従って実詞と虚詞に区分されるが、助詞が虚詞に該当し、残りは実詞に該当する。また形態の変化があるものを用言といい、ないものを体言、あるいは修飾言という。
これを表に示すと次のとおりだ。

[品詞分類表]

分類基準		実詞(自立語)				虚詞(依存語)
自立性						
機能	体言	用言	修飾言	独立言	関係言
形態	不変語	可変語	不変語	不変語	—
意味	名詞 代名詞 数詞	動詞 形容詞	冠形詞 副詞	感嘆詞	助詞

❸ 必ず知っておかなければならない文法用語

- 형태소：形態素
- 구：句
- 절：節
- 단어：単語
- 문장：文章
- 글，문단：文、文段
- 문장성분：文章成分（文章を構成する要素）

	文章成分			
主成分	主語	述語	目的語	補語
付属成分	冠形語	副詞語		
独立成分	独立語			

- 주어：主語
  文章中、動作の行為者になる言葉。
  体言の後ろに主格助詞がついて成り立つ。
  '하늘이 높다' で、'하늘' が主語になる。
  主に、名詞、代名詞、数詞になる。

- 서술어：述語
  文章中、主語の動作・状態・性質などを叙述する言葉。'과일을 먹다' で、'먹다' が述語になる。主に、動詞、形容詞が述語になる。

- 목적어 : 目的語

  文章中、他動詞によって表現された動作や作用が及ぼす対象になる言葉。体言の後ろに目的格助詞がついて成り立つ。'책을 읽다'で、'책'が目的語になる。主に、名詞、代名詞、数詞が目的語になる。

- 보어 : 補語

  文章中、主語と述語だけでは意味が不完全な場合、述語の説明の不足な部分を補完する言葉。'되다'、'아니다'などの述語の場合、必ずなければならない文章成分。'물이 얼음이 되다'、'그는 천재가 아니다'での'얼음'、'천재'が補語になる。

- 관형어 : 冠形語

  文章で、体言の前で体言を修飾する言葉。'예쁜 학생'で、'예쁜'が冠形語になる。

- 부사어 : 副詞語

  文章中、主に用言を限定し、場合によっては冠形詞・副詞または文章全体を限定したりする言葉。'몹시 춥다'で'몹시'が副詞語になる。

- 독립어 : 独立語

  文章中、主成分や付属成分とは直接関係なく、別途離れて文章全体や節を修飾する言葉。感嘆詞、指示語、呼称語、接続語などで成り立つ。

- 어간 : 語幹
  用言の活用で変わらない部分の形態素。
  「잡다・잡아・잡으니」で '잡' が語幹にあたる。
- 어미 : 語尾
  用言または述語格助詞の語幹について、使われ方によって色々と形態を変えながら文法的関係を表す部分。
  [읽(語幹)＋다(語尾)、읽(語幹)＋습니다(語尾)、읽(語幹)＋습니까?(語尾)、읽(語幹)＋을수록(語尾)]

　以上、韓国語の文法的特徴と品詞について述べた。次の章からは、韓国語を品詞別に分けてより詳しく説明し、次に韓国語単語6000個を '가나다' 順に整理してみる。

2章 名詞

1 名詞の定義 事物の名前を表す単語

2 名詞の特徴

① 形態が固定され変化がない。

② 冠形語の修飾を受ける。

　例 새 가방 , 아름다운 아가씨

③ 助詞がついて色々な文章成分に使われる。

主　語 이 가방이 무겁다.
述　語 이것은 누나의 가방이다.
目的語 아버지가 새 가방을 사 오셨다.
補　語 이것은 가방이 아니다.
冠形語 가방의 끈이 떨어졌다.
副詞語 너의 가방에 담아라.
独立語 가방, 그것은 학생에게 꼭 필요한 물건이다.

❸ 名詞の種類

❶ 使われる範囲によって

一般名詞 一般的に事物の名称を表す名詞
例 학교, 사랑, 선생님

固有名詞 特定な人や物について付けられた名前
例 동대문, 마이클, 중국, 삼국지

❷ 自立性の有無によって

自立名詞 他の言葉の助けを受けずに使われる名詞
例 동대문, 선생님, 사람

形式名詞 名詞の性格を持っていながらもその意味が形式的であるため、他の言葉に頼って使われる名詞。不完全名詞ともいう。
例 분, 뿐, 것, 수, 데, 줄

3章 代名詞

1 代名詞の定義　人や事物、場所の名前を代わりにさす言葉。

2 代名詞の特徴

① 形態が固定されており変わらない。

② 助詞がつき、色々な文章成分に使われる。

③ 代名詞の前にくる冠形詞はその多くが限定的だ。

例 착한 당신 , 내가 읽던 그것 , 아무・이것(×)

3 代名詞の種類

① 人称代名詞：人を表すのに使われる代名詞

- 第一人称：話す者をさすもの。
  例 나, 우리, 저, 저희
- 第二人称：聞く者をさすもの。
  例 너, 너희, 자네, 그대, 당신

- 第三人称：他の人をさすもの。

  例 이분, 저분, 그분, 이이, 저이, 그이, 누구, 아무

❷ 指示代名詞：事物や場所を指示する代名詞

分　類	近称	中称	遠称	未知称	否定称
事物指示代名詞	이것	그것	저것	무엇, 어느것	아무것
場所指示代名詞	여기	거기	저기	어디	아무데

- 이·그·저

  '이·그·저'の次に助詞や依存名詞があれば代名詞、なければ冠形詞である。

  例 그가 온다(代名詞)

  　 저 사람(冠形詞)

- 이리·그리·저리

  これらは代名詞ではなく副詞である。なぜなら助詞が自由につくことができないからだ。

  例 이리가(×), 그리를(×)

4章 数詞

❶ 数詞の定義　物の量や順序を示す言葉

❷ 数詞の特徴
① 形が固定していて変わらない。
② 助詞が付くことによって、いろいろな文章の成分に使われる。
③ 冠形詞や用言の冠形詞形の修飾を受けない。
例 새 하나(×), 큰 둘(×)

❸ 数詞の種類
① 量数詞：量を示す数詞
② 序数詞：順序を示す数詞

```
            ┌ 量数詞 ┌ ハングル系：하나, 둘, 셋…
            │        └ 漢字系：일, 이, 삼, 사…
数詞 ┤
            └ 序数詞 ┌ ハングル系：첫째, 둘째…
                     └ 漢字系：제일, 제이, 제삼…
```

4 数詞と冠形詞

① 数詞：後に助詞が来ることができる。
   例 둘보다 하나가 적다.

② 冠形詞：後に単位を表す名詞が来る。
   例 사과 한 개를 샀다.

5 数詞と代名詞

① 数詞：文章の中の一つの対象を示す。
   例 사과 하나를 샀다.('사과'を示す)

② 代名詞：文章外の話の対象を示す。
   例 철수가 거기에 있다.('거기'は文章の中に現れていない)

5章 動詞

1 動詞の定義 物の動作や作用を表す言葉

2 動詞の性格

❶ 動作：人の動き
例 가다, 오다, 노래하다, 사랑하다, 생각하다

❷ 作用：自然の動き
例 뜨다, 새다, 흐르다, 피다, 죽다, 늙다, 닮다

3 不完全動詞

極めて制限された語尾だけを取って活用が制限された動詞を示す。

例 데리다 → 데리고・데리러
 (동생을 데리고 간다(○) 데린다・데려라(×))
 가로다 → 가로되, 달다 → 다오・달라
 다그다 → 다가, 더불다 → 더불어・더불고・더불어서

6章　形容詞

① 形容詞の定義 物の動作や作用を表す言葉

② 形容詞の種類

形容詞 ┌ 性状形容詞 – 性質、状態
　　　└ 指示形容詞

❶ 性状形容詞：性質や状態を表す形容詞

性質(客観的形容詞) '-아/어하다' 不可能

例 꽃이 붉다. (→꽃이 붉어한다.(X))

状態(主観的形容詞) '-아/어하다' 가능

例 나는 꽃이 좋다.
　　(→나는 꽃을 좋아한다.(O))

❷ 指示形容詞：指示性を帯びた形容詞

例 이러하다, 저러하다, 그러하다

③ 形容詞と動詞の区別

　動詞と形容詞は全部形が変わるので'語幹+-다'の形である基本形を持つ。したがって基本形を持った言葉は動詞と形容詞だけである。

❶ '-ㄴ다/-는다'を取ると動詞になる。

'-는다'、'-ㄴ다'を付けてみる。

┌ 먹다-먹는다(O) → 動詞
└ 높다-높는다(X) → 形容詞

┌ 그리다-그린다(O) → 動詞
└ 그립다-그립는다(X) → 形容詞

❷ 基本形だけで完全な叙述能力を持てば形容詞になる。

┌ 밥을 먹다(X) → 動詞
└ 꽃이 아름답다(O) → 形容詞

❸ '-아라/어라'が動詞では命令形、形容詞では感嘆形で使われる。

┌ 밥을 먹어라(命令) → 動詞
└ 산이 높아라(感嘆) → 形容詞

命令形 '-아라'、'-어라'を付けてみる。

┌ 먹다-먹어라(O) → 動詞
└ 높다-높아라(X) → 形容詞

┌ 그리다-그려라(O) → 動詞
└ 그립다-그리워라(X) → 形容詞

（感嘆形は可能）

体言と用言

▶ 体言 ◀

❶ 体言の定義：名詞、代名詞、数詞を合わせて示す言葉

❷ 体言の特徴
　❶ 文章の中で主に主体になる位置に使われる。
　❷ 形が固定していて変わらない。
　❸ 助詞がついて文章の中でいろいろな役割をする。
　❹ 冠形語の修飾を受ける。
　┌ **名　詞**：冠形詞、冠形詞形によって修飾を受けることができる。
　├ **代名詞**：冠形詞形だけに修飾を受けることができる。
　└ **数　詞**：冠形詞、冠形詞形によって修飾を受けることができない。

❸ 体言の複数
　数えることができる名詞と代名詞に接尾詞'-들'を付けて複数を表す
　例 학생들이 운동장에 있다.

体言と用言

▶ 用言 ◀

① 用言の定義：文章の主体を述べる機能を持った言葉で、動詞と形容詞がそれに当たる。

② 用言の特徴
  ① 使い方によって形が変わる。
  ② 文章で主に述語になる。
  ③ 用言の意味を表す語幹と文法的な関係を表す語尾に分けられる。

③ 用言の活用
  ① 活用：一つの語幹にいろんな語尾がついて言葉の形が変わること。
    ① 語幹：活用する時、変わらない部分。意味を持っている。
    ② 語尾：活用する時、変わる部分。文法的な関係を表す。
    ③ 基本形：語幹に語尾 '-다' をつけた言葉。辞書の表題語に使う。

[**語幹と語尾の区別**]
  ■ 語尾 '-게' をつけてみると大体語幹の形態が分かる。

例 흐르게, 먹게, 올게
- 尊敬の '-시' は語尾として取り扱う。
- 語幹を除いた部分全部が語尾である。

例 가셨다 → 가(시)게
（語幹が '가-' ということが分かる）
それで 가셨다 = 가 + 셨다

❷ 活用語：活用する単語。動詞、形容詞、叙述格助詞がそれに当たる。

活用語 ┌ 用言 ┌ 動詞
　　　　　│　　　└ 形容詞
　　　　　└ 叙述格助詞：이다

❸ 活用の種類
① 終結形：文章を終わらせる活用の形態。
　　　　　平叙形(평서형)、疑問形、命令形、勧誘形、感嘆形などがある。

例 철수가 간다. 철수가 가냐? 철수야, 가거라. 철수야, 가자. 철수가 가는구나.

② 連結形：文章をつなげる活用の形態。対等的、従属的、補助的 連結形などがある。

例 비가 오고, 바람이 분다. 비가 오면, 꽃이 핀다. 비가 오고 있다.

体言と用言

③ 転成形：文章の機能を変える活用の形態。
名詞形と冠形詞形がある。

例 집에 <u>가기</u>가 어렵다. 집에 <u>가는</u> 차가 몇 번이냐?

[活用の区別]

- 終結形は文章の一番後ろにだけ表れる。
- 文章の中間に現われる活用形は連結形と転成形である。この中で、転成形を除いたのが連結形である。

❹ 叙述格助詞 '-이다' について
① 体言について述語になるようにする。
② '-이다' の '-이-' は省略できる。

例 그것은 소(이)다.

③ 活用の形態は形容詞と似ているが、'로' が加わることもある。

例 이제는 가을<u>이로</u>군.

[活用の形態]

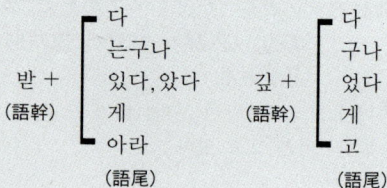

❹ 補助用言
　❶ 本用言と補助用言
　　① 本用言：補助用言の前に置かれて補助用
　　　　　　 言の助けを受ける用言
　　② 補助用言：他の用言の後によってその言
　　　　　　　　葉の意味を補う用言
　　例 꽃이 별로 예쁘지 아니하다.(本用言＋補
　　　 助用言) → 예쁘지 아니하다.(補助用言)
　❷ 本用言と補助用言の連結方法
　　補助用言は補助的連結語末 '-아, -어, -게,
　　-지, -고' を媒介にして本用言につながる。

　　本用言の語幹＋補助的語尾＋補助用言

　❸ 本用言と補助用言の区別方法
　　本用言は文章の中でとり除けばその文章が
　　成立しないが、補助用言はそれをとり除い
　　ても文章は成り立つ。
　　例 고향에 가고 싶다 ┌ 고향에 가다.(O)
　　　　　　　　　　　　└ 고향에 싶다.(X)

　　　　가고→本用言　 싶다→補助用言

7章 冠形詞

1 冠形詞の定義
体言の前に置かれてその言葉を詳しく修飾する言葉

2 冠形詞の特徴
1. 形態が固定されていて活用しない。
2. どんな場合にも助詞が付かない。
3. 文章の中で冠形語にだけ使われる。
4. 独立品詞で他の言葉とは間を開けて書く。

3 冠形詞の分類

冠形詞		
	状況形容詞	体言の性質や状態を修飾する冠形詞 例 새, 헌, 첫, 옛, 웟, 온, 뭇, 한, 온갖, 외딴…
	指示冠形詞	指示的性格を帯びている冠形詞 例 이, 그, 저, 요, 이런, 저런, 그런, 무슨…
	数冠形詞	後に来る名詞の数量を表す冠形詞 例 한, 두, 세(석), 일, 이, 반, 전(全), 총(総)…

- 冠形語と冠形詞
  - 冠形語：体言を修飾する文章成分
  - 冠形詞：冠形語の中での助詞と結合せず、語尾変化もしない単語

例	品詞	成分
새 집	冠形詞	冠形語
나의 집	代名詞+助詞	冠形語
높은 집	語幹+語尾	冠形語

4 冠形詞と用言の冠形詞形

冠形詞	用言の冠形詞形
① 時制表示が不可能である。	① 時制表示が可能である。
例 새(時制がない)	例 새로운(現在)、새로울(未来)
② 活用しない。	② 用言の形容詞形である。
③ 品詞自体が冠形詞である。	③ 品詞は冠形詞ではない。
④ 修飾機能だけ持つ。	④ 修飾機能と叙述機能を同時に持つ。

- '다른'の品詞
  - 叙述機能があれば → 形容詞
  例 이것과 저것은 다른 책이다.('저것은'の서술어)
  - 叙述機能がなければ→ 冠形詞
  例 다른 책을 보자.

- 冠形詞と接頭詞
  - 冠形詞:独立された単語で体言と間を開けて書く。 例 새 책
  - 接頭詞:自立性がないため間を開けて書くことができない。 例 맨손

33

8章 副詞

1. **副詞の定義** 主に用言を修飾することで、その意味をもっと確かにする言葉。

2. **副詞の特徴**
   1. 形態が固定されていて活用しない。
   2. 補助詞を取ることができる。
   3. 主に用言を修飾するが、その他にも多くの役割をする。
   4. 文章では主に副詞語だが、文章をつなげる場合には独立語の役割をする。

3. **副詞の分類**
   1. 成分副詞：主に文章の一成分を修飾する副詞
      ① 性状副詞：状態や程度を表す副詞
      ② 指示副詞：場所や時間及び文章の中での事実などを指示する副詞
      ③ 否定副詞：用言の内容を否定する方式で

修飾する副詞

❷ **文章副詞**:文章全体を修飾する副詞
  ① 様態副詞:話す人の態度を表示する副詞で、文章全体に対する判断を下す副詞
  ② 接続副詞:成分と成分、文章と文章をつなげる副詞

副詞			
	成分副詞	性状副詞	잘, 급히, 가만히, 일찍, 이미, 갑자기. 너무, 풍덩…
		指示副詞	이리, 저리, 그리, 오늘, 내일, 어제…
		否定副詞	아니(안), 못
	文章副詞	様態副詞	과연, 설마, 만약, 제발, 진실로, 정녕…
		接続副詞	그리고, 그러나, 및, 또는, 왜냐하면…

- 副詞の機能
  ① 用言を修飾する。
   例 글씨를 빨리 쓴다.(動詞)

   강이 매우 깊다.(形容詞)

② 冠形詞、副詞を修飾する。

例 <u>몹시</u> 헌 책이다.(冠形詞)

　　<u>매우</u> 빨리 달린다.(副詞)

③ 体言を修飾することもある。

例 <u>조금</u> 뒤에 보자.(名詞)

　　<u>바로</u> 그가 범인이다.(代名詞)

　　<u>겨우</u> 하나를 만들었다.(数詞)

④ 句や節を修飾することもある。

例 <u>오로지 그의 덕택으로</u> 살았다.(句)

⑤ 文章全体を修飾する。

例 <u>제발, 그만 두십시오.</u>(文章)

9章　感嘆詞

1 感嘆詞の定義
話者の呼びかけ、感じ、驚きや返事を表す単語

2 感嘆詞の特徴
1. 形態が固定されていて活用しない。
2. 助詞が付かず、文章で独立語になる。
3. 主に文章の前に置かれるが、場合によって文章の中間や文章の終りにくることができる。

3 感嘆詞の分類

感嘆詞	感じ	感 情	아, 아차, 아하, 허허, 아이고, 예끼, 아무렴...
		意 志	어라, 자, 천만에, 옳지, 좋다, 그렇지, 옛다...
	呼応	呼びかけ	여보, 여보세요, 여보게, 얘...
		返事	예, 그래, 오냐, 글쎄, 글쎄올시다...

4 冠形詞、副詞、感嘆詞の比較

	冠形詞	副 詞	感嘆詞
共通点	① 形態が固定されて活用しない。 ② 独立品詞として他の言葉と間を開けて書く。 ③ 文章で一つの機能を果たす。		
差異点	① 体言を修飾する。 ② 助詞を取ることができない。 ③ いつも体言に依存して使われる。 ④ 文章での成分は冠形語である。	① 用言を修飾する。 ② 助詞を取ったりもする。 ③ 単独で文章を形成したりもする。 ④ 副詞語、独立語で使われる。	① 文章は独立的である。 ② 助詞を取ることができない。 ③ 単独で文章を形成したりもする。 ④ 文章でいつも独立語で使われる。

5 感嘆詞の判別

❶ 原則として助詞を付けることができない。

❷ '体言+助詞'の形態だが、一つにくっついた形態は感嘆詞で扱う。

> 例 정말로(정말+로), 얘(이 아이야), 뭐(무엇), 웬걸(웬 것을)

❸ 実在的な名前で相手を呼ぶ言葉は感嘆詞ではない。

例 철수야, 학교 가자.

❹ 文頭に置かれた提示語及び表題語は感嘆詞ではない。

例 연필, 그것은 꼭 필요한 학용품이다.

❺ '구구'(鶏を呼ぶ言葉)、'이랴'(牛を追いやる言葉)など動物を呼ぶ言葉は感嘆詞だ。

❻ 普通名詞が一つの文章の代わりに使われながら話す人の驚きや感じを表す時には感嘆詞になる。

例 불! (불이 났다.)

10章 助詞

1 助詞の定義 体言の後に付いて文章中で体言の役割をしながら文章の意味をよく表すための言葉である。

2 助詞の特性
① 自立性がなく、前の言葉に付けて使う。
② 主に体言に付いて文法的関係を表したり意味を加えてたりする役割をする。
③ 副詞や用言の連結語尾、他の助詞と結合することができる。

3 感嘆詞の分類
① 格助詞：体言の後に付いて文章中で体言の役割をしながら文章の意味をよく表すようにする言葉である。

　① 主格助詞：主語であることを表示してくれる助詞

　　例 이/가, 께서, 에서(団体), 서(人)
　　　（철수가 학교에 간다.）

② 目的格助詞:目的語であることを表示する助詞
例 을/를/ㄹ(앞을 똑바로 보아라.)

③ 補格助詞:補語であることを表す助詞
例 이/가(그는 학생이 아니다.)

④ 敍述格助詞:述語であることを表示する助詞
例 이다(영희는 학생이다.)

⑤ 冠形格助詞:冠形語であることを表示する助詞
例 의(순이의 옷은 매우 예쁘다.)

⑥ 副詞格助詞:副詞であることを表示する助詞
例 에, 에서, 에게, 께, 한테, (으)로, (으)로서, (으)로써, 처럼, 같이, 만큼

⑦ 呼格助詞:呼称の対象になるようにする助詞
例 아/야, (이)여, (이)시여
(철수야, 학교에 가자.)

❷ 補助詞:体言のどの格にも限定しないで多くの文章成分に広く使われ、その単語に特別な意味を加える助詞

例 은/는(主題、対照)、도(やはり)、만(単独)、조차(やはり、最終)、부터(始め、先に)、까지(到着)、(이)나(選択)、마저(終結、やはり)、밖에(他にない)、뿐(単独)

❸ 接続助詞：二つの単語を同じ資格でつなげる役割をする助詞

例 와/과, (이)며, (이)고, 랑, 에다
(철수와 순이는 학생이다.)

4 助詞の結合

❶ 助詞は主に体言に付く。

例 배가 빨리 달린다. 우리는 산을 좋아한다.

❷ 副詞や副格の助詞、用言の連結語尾にも付く。

例 오늘은 날씨가 몹시도 나쁘다.(副詞+助詞)
서울에서는 별을 보기가 매우 힘들다.
(副詞格助詞+助詞)
그것은 마음에 들지가 않는다.
(連結語尾+助詞)

❸ 助詞は助詞同士で結合することができる。
  格助詞+補助詞　　例 나에게는 쉽지 않다.
  補助詞+格助詞　　例 철수까지가 합격이다.
  補助詞+補助詞　　例 그 책만은 보지 말아라.

❺ 助詞の変化

助詞の中では前の言葉が母音で終わるのか、子音で終わるのかによって変化するものがある。

子音 + 이, 을, 아, 으로, 은, 과…
母音 + 가, 를, 야, 로, 는, 와…

例 순이는 사과와 밤을 샀다.
　 아버님은 밤과 사과를 사셨다.

- 助詞と単語
  単語は元々自立性を発揮することを示す。しかし自立形態素で易しく分離する助詞も単語で扱う。したがって助詞は前の単語に付けて書く唯一の単語だ。

- 副詞格助詞の分類

    居所: 에, 에서(학교에 있다.)

    付与: 에, 에게, 께, 한테(동생에게 주었다.)

    奪取: 에서, 에게서, 한테서(형님에게서 받았다.)

    由来: 에서, 서(서울에서 오다.)

    方向: 에, (으)로, 에게로(바다로 가자.)

    原因: (으)로, 에(불에 타다)

    器具: (으)로, (으)로써(칼로써 연필을 깎다.)

    資格: (으)로, (으)로서(학생으로서 할 일)

    共同・比較: 와, 과, 하고, 랑

    比較: 처럼, 같이, 만큼, 보다

    引用: 고, 라고

- 補助詞の格表示

    補助詞は多くの種類の格の位置に現れるので、文章成分を明らかにする場合には元の格を探すようにする。

    例 우리도 자유를 원한다.

    → 우리가 자유를 원한다.(主格)

우리가 책도 샀다.
　　→ 우리가 책을 샀다.(目的格)

- '와/과'の機能

  助詞'와/과'は比較、共同の意味を持つ副詞格助詞と接続助詞二つの種類がある。

　①철수와 순이는 학생이다(接続助詞)
　②순이는 철수와 다르다(副詞格助詞)

  '와/과'が①のように主語(または目的語)の前にあれば接続助詞で、②のように主語(または目的語)の後にあれば副詞的助詞である。

- 助詞の省略

  ①口語体を使用する時
  ②体言だけで資格がはっきりしている時

国立国語院が選定した
外国人が必ず知るべき
韓国語必須単語 6000

ㄱ_ 48	ㄹ_ 146	ㅅ_ 200	ㅊ_ 345	ㅍ_ 372
ㄴ_ 101	ㅁ_ 148	ㅇ_ 243	ㅋ_ 361	ㅎ_ 380
ㄷ_ 116	ㅂ_ 170	ㅈ_ 302	ㅌ_ 365	

ㄱ

A 名	가게	店、商店
B 名	가격(價格)	値段、価格
B 名	가구(家具)	家具
C 名	가구(家口)	所帯、世帯
B 動	가까워지다	近くなる、近づく
B 名副	가까이	❶近く、近くに ❷(間柄が)親しく
A 形	가깝다[-따]	❶近い ❷親しい、身近だ
B 動	가꾸다	飾る、手入れをする
A 副	가끔	時々、時たま、時折
C 名	가난(하)	貧乏、貧困
B 形	가난하다	乏しい
B 形	가늘다	細い
C 名	가능(可能)(하)	可能、できること
B 名	가능성(可能性)[-썽]	可能性
B 形	가능하다(可能-)	可能だ、できる
C 動	가능해지다(可能-)	可能になる

		ㄱ
A 動 가다	❶行く ❷去る ❸伝わる ❹(味が)落ちる ❺(推測が)つく	
A 補 가다	❶〜していく ❷〜になっていく	
B 副 가득	いっぱい、ぎっしり	
B 形 가득하다[-드카-]	いっぱいだ、満ちている	
C 副 가득히[-드키]	ぎっしりと、なみなみと	
C 動 가라앉다[-안따]	❶沈む、没する ❷静まる	
C 動 가려지다	遮られる、隠される	
C 副 가령(假令)	たとえ、仮に	
B 名 가로	横	
C 名 가로등(街路燈)	街灯、街路灯	
C 動 가로막다[-따]	ふさぐ	
C 名 가로수(街路樹)	街路樹、並木	
B 名 가루	粉、粉末	
C 動 가르다	分ける、分配する	

A 動	가르치다	教える
C 名	가르침	教え、仕込み
B 動	가리다	選ぶ
B 動	가리다	塞がる、遮られる、覆う
B 動	가리키다	指す
C 副	가만	そのままに、そっと
C 動	가만있다[-마닏따]	おとなしくしている、黙っている
B 副	가만히	じっと、静かに、ひそかに
C 名	가뭄	かんばつ、日照り
A 名	가방	カバン
A 形	가볍다[-따]	軽い
C 名	가사(歌詞)	歌詞
C 名	가상(假想)(하)	仮想
A 名	가수(歌手)	歌手
B 名	가스(gas)	ガス ❶気体 ❷燃料用のガス
B 名	가슴	胸 ❶胸部 ❷心、感情

ㄱ

B	名 가슴속[-쏙]	胸の中、心の中
B	名 가요(歌謡)	歌謡
A	名 가운데	❶なか、まんなか ❷あいだ、中間 ❸(多くの中での)一部
B	名 가위	❶はさみ ❷悪い夢におびやかされること
A	名 가을	秋
B	名 가이드(guide)	ガイド
C	名 가입(加入)(하)	加入
C	名 가입자(加入者)[-짜]	加入者
C	動 가입하다(加入-)[-이파-]	加入する
A	副 가장	最も、何より、一番
C	名 가장(家長)	家長 ❶一家のあるじ、戸主 ❷夫、主人
B	名 가정(家庭)	家庭
C	名 가정(假定)(하)	仮定
C	名 가정교사(家庭教師)	家庭教師
B	動 가져가다	持っていく
B	動 가져다주다	持ってきてくれる

51

A	動 가져오다	持ってくる
A	名 가족(家族)	家族 ❶一家の構成員 ❷一家の親族
B	名 가죽	革、皮
B	名 가지	枝
B	名 가지	なす、なすび
B	名 가지	種類、部類
A	補 가지다	〜をもって、〜で
A	動 가지다	持つ
B	名 가짜	偽物、まがいもの
C	名 가치(價値)	価値、値打ち、値
C	名 가치관(價値觀)	価値観
C	名 가톨릭(Catholic)	カトリック
C	動 가하다(加-)	加える
B	冠 각(各)	それぞれの、いろいろの
B	副 각각(各各)[-깍]	別々に
B	名 각각(各各)[-깍]	おのおの、それぞれ
B	名 각국(各國)[-꾹]	各国、国々
C	副 각기(各其)[-끼]	おのおの、各自、そ

		れぞれ
C 名	각오(覺悟)(하)[가고]	覚悟
B 名副	각자(各自)[-짜]	各自
B 名	각종(各種)[-쫑]	各種、さまざまの種類
C 名	간	❶塩辛い調味料 ❷塩加減、塩味、塩気
C 名	간(肝)	❶肝臓 ❷(食用の)動物の肝、レバー ❸胆力、勇気
B 名	간(間)	間
C 名	간격(間隔)	❶(空間的な)距離、間隔 ❷(時間的な)間隔、ギャップ ❸(人と人との)間、へだたり
B 形	간단하다(簡單-)	簡単だ
B 副	간단히(簡單-)	簡単に
C 名	간부(幹部)	❶幹部 ❷(軍隊での)将校
C 名	간섭(干渉)(하)	干渉

B 名	간식(間食)	間食、おやつ
C 副	간신히(艱辛-)	かろうじて、やっと、からくも、ようやく
B 名	간장(-醬)	醬油
C 名	간접(間接)	間接
C 名	간접적(間接的)	間接的
C 名	간판(看板)	❶看板 ❷学歴、経歴、資格など
C 形	간편하다(簡便-)	簡便だ、手軽だ、扱いやすい
C 名	간호(看護)(하)	看護、看病
A 名	간호사(看護師)	看護婦
C 副	간혹(間或)	時々、時折、たまに
C 動	갇히다[가치-]	閉じ込められる
B 動	갈다	替える
B 動	갈다	研ぐ、磨く
C 名	갈등(葛藤)[-뜽]	葛藤
A 名	갈비	❶肋骨、あばら骨 ❷あばら
B 名	갈비탕	牛のあばらをぶつ切

		りにして煮こみ薬味を入れたスープ
B 名	갈색(褐色)[-쌕]	茶色
C 副	갈수록[-쑤-]	ますます、いよいよ
B 動	갈아입다[가라-따]	着替える
B 動	갈아타다[가라-]	乗り換える
C 名	갈증(渴症)[-쯩]	のどの乾き
B 名	감	柿
C 名	감(感)	感、感じ、感覚、気
C 名	감각(感覺)	感覚
A 名	감기(感氣)	風邪
B 動	감다[-따]	閉じる
C 動	감다[-따]	巻く
C 名	감독(監督)(하)	監督
B 名	감동(感動)(하)	感動
C 名	감동적(感動的)	感動的
A 名	감사(感謝)(하)	❶感謝 ❷ありがたいこと
A 動形	감사하다(感謝-)	ありがたい、感謝する
B 名	감상(鑑賞)(하)	鑑賞

B 動	감상하다(鑑賞-)	鑑賞する
C 名	감소(減少)(하)	減少
C 動	감소되다(減少-)	減少する
C 動	감소하다(減少-)	減少する
C 名	감수성(感受性)[-썽]	感受性
C 動	감싸다	くるむ、かばう
C 名	감옥(監獄)[가목]	監獄
B 名	감자	じゃがいも、ポテト
B 名	감정(感情)	感情
C 名	감정적(感情的)	感情的
C 動	감추다	隠す
C 副	감히(敢-)	恐れることなく、大胆に、あえて
C 名	갑(匣)	❶小さい箱、ケース ❷(依存名詞的に)〜箱
A 副	갑자기[-짜-]	突然
C 形	갑작스럽다[-짝쓰-따]	突然だ、不意だ
A 名	값[갑]	❶価値、値うち ❷代価 ❸価格、値段 ❹料金 ❺数、値

ㄱ

C 形	값싸다[갑-]	安い
A 名	강(江)	川、河、大河
C 名	강남(江南)	江南 ❶川の南側 ❷ソウルのハンガン以南の地域
B 名	강당(講堂)	講堂
C 名	강도(強度)	強度
B 名	강도(強盜)	強盜
C 形	강력하다(強力-)[-녀카-]	強力だ
C 副	강력히(強力-)[-녀키]	強力に
C 形	강렬하다(強烈-)[-녈-]	強烈だ
B 名	강물(江-)	川の水
C 名	강변(江邊)	川岸
C 名	강북(江北)	江北 ❶川の北側 ❷ソウルのハンガンの北側
C 名	강사(講師)	講師
C 名	강수량(降水量)	降水量
B 名	강아지	子犬
C 動	강요하다(強要-)	強要する、強いる

B 名	강원도(江原道)	江原道(カンウォンド)
C 名	강의(講義)(하)[-의/이]	講義
C 動	강의하다(講義-)[-의/이-]	講義する
B 名	강제(強制)(하)	強制、強要、むりやりさせること
C 名	강조(強調)(하)	強調
B 動	강조하다(強調-)	強調する
B 形	강하다(強-)	強い
C 動	강화하다(強化-)	強化する
C 副	갖가지[갇까-]	いろいろ、様々
B 動	갖다[갇따]	持つ、有する
B 補	갖다[갇따]	～持つ、有する
C 動	갖추다[갇-]	備える、整える
A 形	같다[갇따]	❶同じだ ❷等しい ❸～のようだ
A 副	같이[가치]	❶等しく ❷同時に、一緒に ❸～のように
C 動	같이하다[가치-]	共にする
C 動	갚다[갑따]	返す、報いる
A 名	개	犬

ㄱ

A 名	개(個)	個
C 名	개개인(個個人)	ひとりひとり
B 名	개구리	カエル、蛙、かわず
C 名	개국(個國)	ヶ国
B 名	개나리	レンギョウ
C 動	개다	晴れる
C 名	개미	あり
C 動	개발되다(開發-)	開発される
B 動	개발하다(開發-)	開発する
C 名	개방(開放)(하)	開放
C 動	개방되다(開放-)	開放される
C 動	개방하다(開放-)	開放する
C 名	개별(個別)	個別
C 名	개선(改善)(하)	改善
C 動	개선되다(改善-)	改善される
C 動	개선하다(改善-)	改善する
C 名	개성(個性)	個性
A 名	개월(個月)	ヶ月
B 名	개인(個人)	個人
B 名	개인적(個人的)	個人的

C 名	객관적(客觀的)[-꽌-]	客観的
A 代	거	その
A 代	거기	そこ
C 副	거꾸로	逆に、反対に
C 形	거대하다(巨大-)	巨大だ
C 動	거두다	収める、取り入れる
C 動	거들다	手伝う
C 副	거듭	重ねて、繰り返し
A 名	거리	町、街
B 名	거리	材料
C 名	거리(距離)	❶(空間的な)距離 ❷(人と人との)間
C 動	거부하다(拒否-)	拒否する
B 名	거실(居室)	居間、居室
C 名	거액(巨額)	巨額
A 名	거울	❶鏡 ❷規範
B 副	거의	ほとんど
C 動	거절하다(拒絶-)	拒絶する、断る
B 名	거짓[-짇]	うそ、偽り
B 名	거짓말[-진-]	うそ、虚言

		ㄱ
C 動 거치다	❶経る ❷立ち寄る	
C 形 거칠다	❶粗い ❷粗雑だ ❸荒い ❹荒れている	
C 名 거품	泡、気泡、あぶく	
A 名 걱정(하)[-쩡]	心配、気がかり	
B 動 걱정되다[-쩡-]	心配になる、気になる	
B 形 걱정스럽다[-쩡-따]	心配だ	
A 動 걱정하다[-쩡-]	心配する、気にする	
C 名 건(件)	件	
A 名 건강(健康)(하)	健康	
A 形 건강하다(健康-)	健康だ	
C 名 건너	向う	
B 動 건너가다	渡る、横切る	
B 動 건너다	渡る	
B 動 건너오다	渡ってくる、渡来する	
B 名 건너편(-便)	向こう側	
C 名 건넛방(-房)[-너빵/넏빵]	(韓国式家屋で)板の間をはさんで '안방' の向かいにある部屋	
C 動 건네다	渡す	

C 動	건네주다	渡す、渡してやる
C 動	건드리다	触る、触れる
A 名	건물(建物)	建物
C 名	건설(建設)(하)	建設
C 動	건설되다(建設-)	建設される
C 動	건설하다(建設-)	建設する
C 形	건전하다(健全-)	健全だ
C 名	건조(乾燥)(하)	乾燥
C 形	건조하다(乾燥-)	乾燥している
B 動	건지다	拾い上げる、救う
B 名	건축(建築)(하)	建築
C 名	걷기[-끼]	歩き
A 動	걷다[-따]	歩く
C 動	걷다[-따]	取りのける
C 動	걷다[-따]	まくる
A 動	걸다	掛ける
B 動	걸리다	掛る、掛けられる
A 動	걸어가다[거러-]	歩いていく
A 動	걸어오다[거러-]	歩いてくる
B 名	걸음[거름]	歩み、歩行

ㄱ

C 動	걸치다	掛ける、羽織る
B 形	검다[-따]	黒い
C 名	검사(檢事)	検事
B 名	검사(檢査)(하)	検査
A 名	검은색(-色)[거믄-]	黒い色
B 名	검정색	黒色
C 名	검토(檢討)(하)	検討
B 名	겁(怯)	怖がり、恐怖、臆病
C 動	겁나다(怯-)[검-]	怖がる、恐れる
A 名	것[걷]	こと、もの
B 名	겉[걷]	表、表面
C 名	게	かに
B 副	게다가	❶そこに ❷それに、その上
C 名	게시판(揭示板)	掲示板
C 形	게으르다	怠惰だ、無精だ
A 名	게임(game)(하)	ゲーム
B 副	겨우	❶やっと、ようやく、辛うじて ❷わずか、たった、せいぜい

A 名	겨울	冬
B 名	겨울철	冬の季節、冬季
C 名	겨자	からし
C 動	겪다[격따]	遭う、経験する
B 動	견디다	耐える、堪える
C 名	견해(見解)	見解
B 名	결과(結果)	結果
C 名	결과적(結果的)	結果的
B 名	결국(結局)	結局、とうとう
C 名	결론(結論)	結論
C 名	결석(缺席)(하)[-썩-]	欠席
C 動	결석하다(缺席-)[-써카-]	欠席する
C 名	결승(決勝)(하)[-씅]	決勝
C 名	결심(決心)(하)[-씸]	決心
B 動	결심하다(決心-)[-씸-]	決心する
B 名	결정(決定)(하)[-쩡]	決定
B 動	결정되다(決定-)[-쩡-]	決定される
B 動	결정하다(決定-)[-쩡-]	決定する
C 副	결코(決-)	(否定語を伴って)決して、絶対に

ㄱ

A 名 결혼(結婚)(하)	結婚	
A 名 결혼식(結婚式)	結婚式	
A 動 결혼하다(結婚-)	結婚する	
C 名 경계(境界)	境界	
C 名 경고(警告)(하)	警告	
C 動 경고하다(警告-)	警告する	
C 名 경기(景氣)	景気	
B 名 경기(競技)(하)	競技	
B 名 경기도(京畿道)	京畿道(キョンギド)	
B 名 경기장(競技場)	競技場	
C 名 경력(經歷)[-녁]	経歴、履歴	
A 名 경복궁(景福宮)[-꿍]	景福宮(キョンボックン)	
C 名 경비(經費)	経費	
B 名 경상도(慶尙道)	慶尙道(キョンサンド)	
B 名 경영(經營)(하)	経営	
C 動 경영하다(經營-)	経営する	
B 名 경우(境遇)	そのときの事情、状況	
C 名 경쟁(競爭)(하)	競争	
C 名 경쟁력(競爭力)[-녁]	競争力	
B 名 경제(經濟)	経済	

C 名	**경제력**(經濟力)	経済力
B 名	**경제적**(經濟的)	経済的、エコノミカル
C 名	**경제학**(經濟學)	経済学
A 名	**경주**(慶州)	慶州(キョンジュ)
A 名	**경찰**(警察)	警察
A 名	**경찰관**(警察官)	警察官、警官
A 名	**경찰서**(警察署)[-써]	警察署
A 名	**경치**(景致)	景色、風景、景観
C 名	**경향**(傾向)	傾向
B 名	**경험**(經驗)(하)	経験
B 動	**경험하다**(經驗-)	経験する
B 名	**곁**[겯]	わき、そば、よこ
C 名	**계곡**(溪谷)[계-]	渓谷、谷間
B 名	**계단**(階段)[계-]	階段
A 名	**계란**(鷄卵)[계-]	卵
B 名	**계산**(計算)(하)[계-]	計算
B 名	**계산기**(計算器)[계-]	計算機
B 動	**계산하다**(計算-)[계-]	計算する
A 名副	**계속**(繼續)(하)[계-]	継続、続き
B 動	**계속되다**(繼續-)[계-]	続く、つながる

B 動	계속하다(繼續-)[게소카]	続ける
A 補	계시다[게-]	(〜して)いらっしゃる('〜하고 있다'の尊敬語)
A 動	계시다[게-]	いらっしゃる('있다'の尊敬語)
B 名	계약(契約)(하)[게-]	契約、契り
A 名	계절(季節)[게-]	季節、シーズン
C 名	계좌(計座)[게-]	口座
C 名	계층(階層)[게-]	階層
A 名	계획(計劃)(하)[게-]	計画
B 動	계획하다(計劃-)[게회카-]	計画する
B 名	고개	うなじ、えりくび、首
C 名	고개	峠、坂
B 名	고객(顧客)	顧客、お客
B 名	고교(高校)	高校
C 名	고구려(高句麗)	高句麗(こうくり)
B 名	고구마	さつまいも
C 名	고궁(古宮)	故宮、昔の宮殿

B 名 고급(高級)	高級、上級
C 形 고급스럽다(高級-)[-쓰-따]	高級だ
A 名 고기	肉
A 名 고등학교(高等學校)[-꾜]	高等学校
A 名 고등학생(高等學生)[-쌩]	高校生、高等学生
C 名 고려(高麗)	高麗(こうらい)
B 動 고려하다(考慮-)	考慮する、顧みて考える
B 動 고르다	選ぶ
B 形 고르다	平均している、平らだ
A 形 고맙다[-따]	ありがたい、感謝する
B 名 고모(姑母)	父の姉妹、おば
B 名 고모부(姑母夫)	父の姉妹の夫、おじ
C 名 고무신	ゴム靴
B 名 고민(苦悶)(하)	悩み、苦悶
B 動 고민하다(苦悶-)	悩む
B 名 고생(苦生)(하)	❶苦労、苦しみ ❷貧苦、貧しくて生活が苦しいこと

B	動 고생하다(苦生-)	苦労する
C	形 고소하다	❶香ばしい ❷いい気味だ、小気味よい
B	名 고속(高速)	高速
B	名 고속도로(高速道路)	高速道路
B	名 고속버스(高速bus)	高速バス
A	名 고양이	猫
C	形 고요하다	静かだ
C	副 고작	せいぜい、やっと
B	名 고장	❶地元 ❷ふるさと、故郷 ❸(物の)名産地、産地
B	名 고장(故障)	❶故障 ❷(人体の)支障
C	名 고전(古典)	古典
C	名 고집(固執)(하)	固執、我
C	動 고집하다(固執-)[-지파-]	意地を張る
B	名 고추	とうがらし
B	名 고추장(-醬)	とうがらしみそ
B	名 고춧가루[-추까-]	とうがらしの粉
B	動 고치다	なおす、繕う

B 名	고통(苦痛)	苦痛、苦しみ
C 形	고통스럽다(苦痛-)[-따]	苦しい、苦痛だ、辛い
A 形	고프다	空腹だ、ひもじい
C 名	고함(高喊)	大声、大きな叫び声
A 名	고향(故郷)	故郷、郷里、ふるさと
C 名	곡(曲)	曲、調べ
C 名	곡식(穀食)[-씩]	穀物
C 形	곤란하다(困難-)[골-]	困る、難しい、苦しい
A 副	곧	❶すぐ、直ちに ❷もうすぐ、今に
C 形	곧다[-따]	❶まっすぐだ ❷正直だ
B 副	곧바로[-빠-]	❶まっすぐ、直ちに ❷正しく、ありのまま
C 副	곧이어[고디-]	❶まっすぐに、正しく ❷続けて
C 副	곧잘[-짤]	❶かなり良く、かなり上手に ❷たびたび
C 副	곧장[-짱]	まっすぐ

ㄱ

C 名	골(goal)	ゴール
C 副	골고루	等しく、均等に
A 名	골목	路地、小道
B 名	골목길[-낄]	小道、小路
C 名	골짜기	谷、谷間
C 名	골치	頭の俗っぽい語
B 名	골프(golf)	ゴルフ
B 名	골프장(golf場)	ゴルフ場
B 名	곰	熊
B 形	곱다[-따]	❶美しい、きれいだ ❷優しい
A 名	곳[곧]	所、場所
B 名	곳곳[곧꼳]	所々、あちこち
A 名	공	球、ボール
B 名	공간(空間)	空間
C 名	공개(公開)(하)	公開
C 動	공개하다(公開-)	公開する
C 名	공격(攻擊)(하)	攻擊
C 動	공격하다(攻擊-)[-껵카-]	攻擊する、攻める
C 名	공공(公共)	公共

C 名	공군(空軍)	空軍
C 名	공급(供給)(하)	供給
B 名	공기(空氣)	空気
C 名	공기(空器)	❶空の器 ❷茶碗
B 名	공동(共同)	共同
B 名	공무원(公務員)	公務員
A 名	공부(工夫)(하)	勉強
A 動	공부하다(工夫-)	勉強する
B 名	공사(工事)(하)	工事
C 名	공식(公式)	公式
C 名	공식적(公式的)	公式的
C 名	공업(工業)	工業
B 名	공연(公演)(하)	公演
C 動	공연되다(公演-)	公演される
C 名	공연장(公演場)	公演場
C 動	공연하다(公演-)	公演する
C 副	공연히(空然-)	❶わけもなく ❷むなしく、無駄に
A 名	공원(公園)	公園
B 名	공장(工場)	工場

C 名	공주(公主)	公主、王女
C 名	공중(空中)	空中、大空の中
A 名	공중전화(公衆電話)	公衆電話
B 名	공짜(空-)	ただ、無料
A 名	공책(空册)	ノート
C 名	공통(共通)	共通
C 動	공통되다(共通-)	共通される
C 名	공통적(共通的)	共通的
C 名	공통점(共通點)[-쩜]	共通点
C 名	공포(恐怖)	恐怖
A 名	공항(空港)	空港
B 名	공항버스(空港bus)	空港バス
C 名	공해(公害)	公害
A 名	공휴일(公休日)	公休日
C 名	과(科)	科、学科
A 名	과(課)	課
C 名	과거(科擧)	科挙
B 名	과거(過去)	過去
B 名	과목(科目)	科目
C 副	과연(果然)	果たして

C 名	과외(課外)	課外
A 名	과일	果物、フルーツ
A 名	과자(菓子)	菓子
B 名	과장(課長)	課長
C 名	과정(課程)	課程
C 名	과정(過程)	過程
B 名	과제(課題)	課題、問題
B 名	과학(科學)	科学
B 名	과학자(科學者)[-짜]	科学者
B 名	과학적(科學的)[-쩍]	科学的
B 名	관객(觀客)	観客
B 名	관계(關係)(하)[-게]	関係
C 動	관계되다(關係-)[-게-]	関わる
C 副	관계없이(關係-)[-게업시]	関係なく
C 名	관계자(關係者)[-게-]	関係者
B 名	관광(觀光)(하)	観光
B 名	관광객(觀光客)	観光客
C 名	관광버스(觀光bus)	観光バス
B 名	관광지(觀光地)	観光地

C 名	관념(觀念)	観念
C 名	관람(觀覽)(하)[괄-]	観覧、見物
C 名	관람객(觀覽客)[괄-]	観覧客、見物人
B 名	관련(關聯)(하)[괄-]	関連、連関
B 動	관련되다(關聯-)[괄-]	関わる
B 動	관련하다(關聯-)[괄-]	関わる、携わる
B 名	관리(管理)(하)[괄-]	管理
C 名	관리(官吏)[괄-]	官吏、役人
C 動	관리하다(管理-)[괄-]	管理する
C 名	관습(慣習)	慣習、しきたり、習わし
B 名	관심(關心)(하)	関心
C 名	관심사(關心事)	関心を引く事柄
C 名	관점(觀點)[-쩜]	観点、見地、見方
C 名	관찰(觀察)(하)	観察
B 動	관찰하다(觀察-)	観察する
B 動	관하다(關-)	関する
C 名	광경(光景)	光景
B 名	광고(廣告)(하)	広告
C 名	광장(廣場)	広場
B 名	광주(光州)	光州(クァンジュ)

A	形 괜찮다[-찬타]	❶大丈夫だ ❷構わない
B	副 괜히	むなしく、いたずらに、やたらに
C	名 괴로움	苦痛、煩い、悩み
C	動 괴로워하다	苦しむ
B	形 괴롭다[-따]	苦しい、つらい、困難だ
C	動 괴롭히다[-로피-]	いじめる
C	形 굉장하다(宏壯-)	❶宏壮だ ❷ものすごい
B	副 굉장히(宏壯-)	ものすごく、とても、すばらしく
A	名 교과서(敎科書)	教科書
C	名 교내(校內)	校内
C	名 교대(交代)(하)	交代、交替
B	名 교류(交流)(하)	交流
B	名 교문(校門)	校門
C	名 교복(校服)	制服
C	名 교사(敎師)	教師、教員

ㄱ

A 名 교수(教授)	教授
C 名 교시(校時)	時限
A 名 교실(教室)	教室
C 名 교양(教養)(하)	教養
C 名 교외(郊外)	郊外
B 名 교육(教育)(하)	教育
C 名 교육비(教育費)[-삐]	教育費
C 名 교육자(教育者)[-짜]	教育者
C 名 교장(校長)	校長
C 名 교재(教材)	教材
C 名 교직(教職)	教職
C 名 교체(交替)(하)	交替、交代
A 名 교통(交通)	交通
B 名 교통사고(交通事故)	交通事故
B 名 교포(僑胞)	海外同胞
B 名 교환(交換)(하)	交換
C 動 교환하다(交換-)	交換する
A 名 교회(教會)	教会
C 名 교훈(教訓)	教訓
A 数 구(九)	九

C	名구(區)	区
A	名구경(하)	見物、観覧
B	動구경하다	見物する
A	名구두	靴
C	動구르다	転がる、転ぶ
A	名구름	雲
B	名구멍	❶穴 ❷抜け道 ❸欠点
C	名구별(區別)(하)	区別
C	動구별되다(區別-)	区別される
C	動구별하다(區別-)	区別する
A	名구분(區分)(하)	区分、区分け、けじめ
C	動구분되다(區分-)	区分される、分けられる
C	動구분하다(區分-)	区分する、分ける
C	名구석	片隅、隅
C	名구석구석	隅々、隅ごとに
C	名구성(構成)(하)	構成、プロット
C	動구성되다(構成-)	構成される
C	動구성하다(構成-)	構成する
C	名구속(拘束)(하)	拘束

ㄱ

C 動	구속되다(拘束-)	拘束される
C 動	구속하다(拘束-)	拘束する
A 数	구십(九十)	九十
C 名	구역(區域)	区域
A 名	구월(九月)	九月
C 名	구입(購入)(하)	購入、仕入れ
C 動	구입하다(購入-)[-이파-]	購入する
C 名	구조(構造)	構造
C 名	구청(區廳)	区役所
B 名	구체적(具體的)	具体的
B 動	구하다(救-)	救う
B 動	구하다(求-)	求める
B 名	국	汁、つゆ
B 名	국가(國家)[-까]	国家
C 名	국가적(國家的)[-까-]	国家的
B 名	국기(國旗)[-끼]	国旗
B 名	국내(國內)[궁-]	国内
C 名	국내선(國內線)[궁-]	国内線
C 名	국내외(國內外)[궁-]	国内と国外
B 名	국립(國立)[궁닙]	国立

B 名	국물[궁-]	汁、出し、おつゆ
B 名	국민(國民)[궁-]	国民
C 名	국민적(國民的)[궁-]	国民的
C 名	국사(國史)[-싸]	国史
C 名	국산(國産)[-싼]	国産
B 名	국수[-쑤]	そば、そうめん(うどんの類)
B 名	국어(國語)[구거]	国語
C 名	국왕(國王)[구광]	国王、君主
C 名	국적(國籍)[-쩍]	国籍
B 名	국제(國際)[-쩨]	国際
C 名	국제선(國際線)[-쩨-]	国際線
C 名	국제적(國際的)[-쩨-]	国際的
C 名	국제화(國際化)[-쩨-]	国際化
C 名	국회(國會)[구쾨]	国会
B 名	국회의원(國會議員)[구쾨-]	国会議員
B 名	군(君)	君
B 名	군(軍)	軍隊
C 名	군(郡)	郡(地方行政区域のひ

とつ)

B 名	군대(軍隊)	軍隊、兵隊
B 名	군데	個所
C 名	군사(軍事)	軍事
C 名	군사(軍士)	兵、兵士、軍士
A 名	군인(軍人)[구닌]	軍人
C 形	굳다[-따]	❶堅い ❷ぐらつかない、硬い
C 動	굳어지다[구더-]	固くなる、固まる
B 副	굳이[구지]	❶強いて、あえて ❷固く、頑固に
C 動	굳히다[구치-]	固くする、固める
B 形	굵다[국따]	❶太い ❷粒が大きい
C 動	굶다[굼따]	飢える
B 動	굽다[-따]	曲がる、曲がっている
C 動	굽히다[구피-]	曲げる
C 名	궁극적(窮極的)[-쩍]	究極的
B 形	궁금하다	❶気になる ❷心配だ
A 名	권(卷)	巻
C 名	권리(權利)[궐-]	権利

C 名	권위(權威)[궈뉘]	権威
B 名	권투(拳鬪)(하)	ボクシング
B 動	권하다(勸-)	勧める
A 名	귀	❶耳 ❷(針の)穴
C 名	귀가(歸家)(하)	帰宅、帰り
C 動	귀가하다(歸家-)	帰宅する
B 名	귀국(歸國)(하)	帰国
B 動	귀국하다(歸國-)[-구카-]	帰国する
C 名	귀신(鬼神)	鬼、幽霊
B 形	귀엽다[-따]	かわいい、愛らしい
C 形	귀중하다(貴重-)	貴重だ
C 形	귀찮다[-찬타]	面倒だ、煩わしい、迷惑だ
C 形	귀하다(貴-)	❶(身分などが)高い、高貴だ ❷珍しい
C 名	귓속[귀쏙/귇쏙]	耳の中
C 名	규모(規模)	規模
C 名	규정(規定)(하)	規定、おきて
B 名	규칙(規則)	規則
B 名	규칙적(規則的)[-쩍]	規則的

ㄱ

C 名	균형(均衡)	均衡、バランス
C 名	귤(橘)	ミカン
A 代	그	❶彼、その人 ❷それ（'그것'の縮約形）
A 感	그	ええっと
A 冠	그	その
C 名	그간(-間)	その間
A 代	그거	それ
A 代	그것[-걷]	それ
A 代	그곳[-곧]	そこ
C 副	그나마	それさえも、それだけでも、その上にまた
A 名	그날	その日
B 副	그냥	❶そのまま、ありのまま ❷容赦なく、思いきり ❸ただ
C 代	그녀(-女)	彼女
C 代	그놈	そいつ
B 名	그늘	影、日陰
B 名	그다음	その次

B 副	그다지	❶ そんなにまでも ❷ それほど、あまり
C 代	그대	あなた
B 副	그대로	そのまま、そのとおりに
A 名	그동안	その間
A 名	그때	その時、あの時
C 副	그때그때	その時その時
A 感	그래	うん、ああ
A 副	그래서	そうして（'그리하여서'の縮約形）
A 副	그래서	それで、そこで、そして
C 名	그래픽(graphic)	グラフィック
B 名	그램(gram)	グラム
A 副	그러나	しかし、だが
A 副	그러니까	だから、ですから、つまり
C 動	그러다	そうする、そのようにする

		ㄱ
A 副 그러면	そうだとすれば、それなら、そういうわけなら	
B 副 그러므로	それゆえ、したがって	
B 形 그러하다	そうだ、そのとおりだ、そのようだ	
B 冠 그런	そのような、そんな、あんな	
C 副 그런대로	それなりに、まあまあ	
A 副 그런데	ところで、さて、ところが、しかし、それで、そこで	
C 形 그럴듯하다[-뜨타-]	❶もっともらしい ❷(似つかわしくて)なかなか立派だ	
A 感 그럼	もちろん、そうだとも、確かに	
A 副 그럼	それなら、それでは	
B 副 그렇게[-러케]	そのように、あんなに、さほど	

✤ 85

A 形	그렇다[-러타]	そうだ、そのとおりだ
B 形	그렇지[-러치]	そうだとも、そうとも
A 副	그렇지만[-러치-]	そうだけれども、だが、しかし、でも
B 動	그려지다	描かれる
C 名	그루	株(木を数える時の単位)
B 名	그룹(group)	グループ
A 名	그릇[-른]	❶器、容器 ❷人となり、器量
B 副	그리	❶それほど、さほど ❷そのように ❸そこに、そちらへ
A 副	그리고	❶そして、それから ❷また
A 動	그리다	描く
C 副	그리로	そちらへ
C 名	그리움	恋しさ、懐かしさ
C 動	그리워하다	恋しがる、懐かしがる
C 副	그리하여	そうして

ㄱ

A 名 그림	画、絵画
B 名 그림자	影、跡
B 形 그립다[-따]	恋しい、懐かしい
B 副 그만	❶それくらいに ❷つい、思わず ❸そのまますぐ
B 動 그만두다	やめる
B 副 그만큼	それくらい、その程度
B 形 그만하다	❶まあまあだ ❷その程度だ
A 代 그분	その方
C 名 그 사이	その間
C 副 그야말로	まさに、本当に、それこそ
C 代 그이	その人、彼、彼氏
C 副 그저	❶ただ〜だけ、ただ〜するばかり ❷そのまま、まあまあ
C 名 그저께	おととい
C 名 그전(-前)	この前、以前

C 副	그제서야	ようやく、やっと
C 副	그제야	ようやく、やっと
B 名	그중(-中)	❶その中 ❷なかでも
A 代	그쪽	そちら
B 動	그치다	やむ
C 副	그토록	それほど、あれほど
B 名	그해	その年
C 名	극(劇)	劇、ドラマ
C 名	극복(克服)(하)[-뽁]	克服
C 動	극복하다(克服-)[-뽀카-]	克服する
C 名	극작가(劇作家)[-짝까]	劇作家
A 名	극장(劇場)[-짱]	映画館
C 副	극히(極-)[그키]	極めて
C 名	근거(根據)	根拠
C 動	근거하다(根據-)	基づく
C 名	근교(近郊)	近郊、町外れ
B 副	근데	ところで、ところが
C 名	근래(近來)[글-]	最近、近ごろ
C 名	근로(勤勞)(하)[글-]	勤労
B 名	근로자(勤勞者)[글-]	勤労者

B 名	근무(勤務)(하)	勤務
B 動	근무하다(勤務-)	勤務する
C 名	근본(根本)	根本
C 名	근본적(根本的)	根本的
C 名	근원(根源)[그뉜]	根源
C 名	근육(筋肉)[그뉵]	筋肉
A 名	근처(近處)	近所、付近
B 名	글	文、文章
B 感	글쎄	さあ、まあ、だから
B 感	글쎄요	そうですね(目上の人や上司に対して)
B 名	글쓰기	作文、書き込み
B 名	글씨	字、文字
B 名	글자(-字)[-짜]	文字、字
C 動	긁다[극따]	掻く
C 名	금	折り目、線、割れ目
B 名	금(金)	金、黄金
C 名	금강산(金剛山)	金剛山(クムガンサン)
C 名	금고(金庫)	金庫
B 名	금년(今年)	今年、こんねん

C 名	금메달(金medal)	金メダル
B 副	금방(今方)	間もなく、たった今
C 副	금세	たちまち、すぐに、たった今
C 名	금액(金額)[그맥]	金額
B 名	금연(禁煙)[그면]	禁煙
A 名	금요일(金曜日)[그묘-]	金曜日
B 名	금지(禁止)(하)	禁止
C 動	금지되다(禁止-)	禁止される
B 動	금지하다(禁止-)	禁止する
C 動	금하다(禁-)	禁ずる
A 名	급(級)	級
C 副	급격히(急激-)[-껴키]	急激に
C 副	급속히(急速-)[-쏘키]	急速に
C 動	급증하다(急增-)[-쯩-]	急増する
B 形	급하다(急-)[그파-]	❶急だ ❷気が短い
C 副	급히(急-)[그피]	急いで
C 動	긋다[귿따]	引く
B 名	긍정적(肯定的)	肯定的
C 名	기(旗)	旗、旗印

C 名	기(氣)	気
B 名	기간(期間)	期間
B 名	기계(機械)	機械
C 名	기관(機關)	機関
C 名	기구(器具)	器具
C 名	기구(機構)	機構
C 名	기기(器機)	器機
C 名	기념(記錄)(하)	記念
C 名	기념일(記念日)[-녀밀]	記念日
C 名	기념품(記念品)	記念品
C 動	기념하다(記念-)	記念する
C 名	기능(技能)	技能、技量、腕前
C 名	기능(機能)	機能
C 動	기다	這う
A 動	기다리다	待つ
B 名	기대(期待)(하)	期待、望み、当て
C 動	기대다	もたれる、寄りかかる
C 動	기대되다(期待-)	期待になる、楽しみだ
B 動	기대하다(期待-)	期待する、楽しみにする

B 名	기도(祈禱)(하)	祈り
C 動	기도하다(祈禱-)	祈る
C 名	기독교(基督教)[-꾜]	キリスト教
C 名	기둥	柱、支え
C 名	기록(記錄)(하)	記録
C 動	기록되다(記錄-)	記録される
B 動	기록하다(記錄-)[-로카-]	記録する
B 動	기르다	❶養う ❷飼う
B 名	기름	❶油 ❷脂肪
C 形	기막히다(氣-)[-마키-]	❶すばらしい ❷ぼうぜんとする、あきれる
C 名	기법(技法)[-뻡]	技法
B 名	기본(基本)	基本、大本、基
C 名	기본적(基本的)	基本的
A 名	기분(氣分)	気分、気持
B 動	기뻐하다	喜ぶ
B 形	기쁘다	うれしい、喜ばしい
B 名	기쁨	うれしさ、喜び
B 名	기사(技士)	技手

B 名	기사(記事)	記事
C 名	기성(既成)	既成
C 名	기성세대(既成世代)	既成世代
A 名	기숙사(寄宿舍)[-싸]	寮
B 名	기술(技術)	技術
C 名	기술자(技術者)[-짜]	技術者
C 動	기술하다(記述-)	記述する
B 名	기억(記憶)(하)	記憶、もの覚え
B 動	기억나다(記憶-)[-엉-]	思い出す
C 動	기억되다(記憶-)	記憶される
B 動	기억하다(記憶-)[-어카-]	記憶する、覚える
C 名	기업(企業)	企業
C 名	기업인(企業人)[-어빈]	企業人
C 名	기여(寄與)(하)	寄与
C 動	기여하다(寄與-)	寄与する
B 名	기온(氣溫)	気温
B 名	기운	❶力、体力 ❷元気
C 動	기울다	傾く
C 動	기울이다[-우리-]	傾ける
C 名	기원(起原)	起源、起原

C 名 기원전(紀元前)	紀元前(B.C)
C 名 기자(記者)	記者
C 名 기적(奇跡)	奇跡
B 名 기준(基準)	基準
A 名 기차(汽車)	汽車
B 名 기초(基礎)	基礎
C 名 기초적(基礎的)	基礎的
C 動 기초하다(基礎-)	基礎とする
B 名 기침	咳
C 名 기타(其他)	その他、それ以外
B 名 기타(guitar)	ギター
C 名 기호(記號)	記号
C 名 기혼(既婚)	既婚
B 名 기회(機會)	機会
C 名 기획(企劃)(하)	企画
C 名 기후(氣候)	気候
C 名 긴급(緊急)(하)	緊急
B 名 긴장(緊張)(하)	緊張
C 名 긴장감(緊張感)	緊張感
C 動 긴장되다(緊張-)	緊張する

ㄱ

B 動	긴장하다(緊張−)	緊張する
A 名	길	道、道路
B 名	길가[−까]	道端、路傍
B 名	길거리[−꺼−]	通り、街頭
A 形	길다	長い
C 動	길어지다[기러−]	長くなる
B 名	길이[기리]	長さ
B 名	김	海苔
C 名	김	❶水蒸気 ❷息
C 名	김	ついで
A 名	김밥	のり巻き
A 名	김치	キムチ
B 名	김치찌개	キムチチゲ
B 名	김포공항(金浦空港)	金浦空港(キンポ空港)
B 形	깊다[깁따]	❶深い ❷親密だ
C 副	깊숙이[깁쑤기]	深く、深々と
B 副	깊이[기피]	❶深く ❷詳しく
B 名	깊이[기피]	深さ
C 動	까다	むく
B 名	까닭[−닥]	原因、理由、わけ

B 名	까만색(-色)	黒い色
B 形	까맣다[-마타]	❶黒い ❷黒っぽい ❸はるかに遠い
C 動	까먹다[-따]	❶忘れる ❷皮をむいて食べる
C 名	까치	カササギ
C 名	깍두기[-뚜-]	カクテギ(キムチの一種)
A 動	깎다[깍따]	❶削る、剃る ❷値切る
C 形	깔끔하다	❶垢抜けている ❷器用だ ❸さっぱりしている
C 動	깔다	敷く
C 動	깔리다	敷かれる
B 副	깜빡	❶ちらっと、きらっと ❷うっかり
B 副	깜짝	びっくり、ぎょっと
C 名	깡패(-牌)	ごろつき、よた者
B 副	깨끗이[-끄시]	きれいに、さっぱりと

A 形	깨끗하다[-끄타-]	きれいだ
C 動	깨끗해지다[-끋-]	きれいになる
B 動	깨다	覚める
B 動	깨다	壊す、割る
C 動	깨닫다[-따]	悟る、気付く
C 名	깨달음[-다름]	自覚、悟り
C 動	깨뜨리다	割る
C 名	깨소금	ゴマ塩
C 動	깨어나다	❶覚める ❷立ち直る
C 動	깨어지다	壊れる、割れる
C 動	깨우다	起こす
B 動	깨지다	壊れる、割れる
B 動	꺼내다	取り出す、引き出す
B 動	꺼지다	消える
C 動	꺾다[꺽따]	❶折る ❷負かす
B 名	껌(gum)	ガム
B 名	껍질[-찔]	皮、表皮
C 名	꼬리	しっぽ、尾
C 名	꼬마	ちび、ちびっこ
A 副	꼭	❶必ず、きっと

	❷ 固く、ぎゅっと
	❸ じっと
C 副 꼭	❶ ぴったり、ちょうど
	❷ まるで、あたかも
B 名 꼭대기[-때-]	頂上、いただき
C 名 꼴	ありさま、格好
C 形 꼼꼼하다	几帳面だ
C 副 꼼짝	ちょっとうごくようす
C 動 꼽히다[꼬피-]	数えられる
C 動 꽂다[꼳따]	差し立てる、差し込む
A 名 꽃[꼳]	花
C 名 꽃씨[꼳-]	花の種子
B 名 꽃잎[꼰닙]	花ビラ
C 副 꽉	❶ きゅっと、ぎゅっと
	❷ ぎっしりと
	❸ ぐっと、じっと
B 副 꽤	かなり、なかなか、ずいぶん、だいぶ
B 動 꾸다	(夢を)見る
B 動 꾸다	借りる

C 動	꾸리다	❶包む ❷手入れする
B 動	꾸미다	❶作る ❷仕立てる ❸飾る
C 形	꾸준하다	粘り強い、根気がある
B 副	꾸준히	粘り強く、勤勉に
C 名	꾸중(하)	お叱り
B 名	꿀	蜜、蜂蜜
A 名	꿈	夢
B 動	꿈꾸다	夢見る
B 名	꿈속[-쏙]	夢の中
A 動	끄다	消す
B 動	끄덕이다[-더기-]	頷く
C 名	끈	紐
C 動	끊기다[끈키-]	切れる
B 動	끊다[끈타]	❶切る ❷立ちきる
B 動	끊어지다[끄너-]	❶切れる ❷立ちきれる
C 形	끊임없다[끄니멉따]	絶え間ない
C 副	끊임없이[끄니멉시]	絶え間なく、ひっきなしに
B 動	끌다	引く

C 動	끌리다	引かれる
C 動	끌어당기다[끄러-]	引き寄せる、引き付ける
B 動	끓다[끌타]	沸く
B 動	끓이다[끄리-]	沸かす
A 名	끝[끋]	終り、果て、最後
A 動	끝나다[끈-]	終わる、済む
B 副	끝내[끈-]	ついに、とうとう
A 動	끝내다[끈-]	終える、済ませる
C 形	끝없다[끄덥-]	限りない、果てしない
C 副	끝없이[끄덥시]	限りなく、果てしなく
C 名	끼	❶才能 ❷食事の回数を表す語
B 動	끼다	❶立ち込める ❷つく
B 動	끼다	❶差し込む ❷はめる
C 動	끼어들다	割り込む
C 動	끼우다	挟ませる

ㄴ

A 代 나	私
A 補 나가다	～していく
A 動 나가다	出る、出て行く
B 動 나누다	分ける
C 動 나누어지다	分かれる
C 動 나뉘다	分かれる、分けられる
B 補 나다	❶その動作の進行を強調する ❷動詞の完了を意味する
A 動 나다	生える、生じる
C 名 나들이(하)[-드리]	外出、よそゆき
A 名 나라	国、国家
C 副 나란히	並んで
C 動 나르다	運ぶ、運搬する
C 名 나름	なり
B 名 나머지	余り、余分、残り
A 名 나무	木
B 名 나물	青菜、青もの

101

B 名	나뭇가지[-무까-/-묻까-]	(木の)枝
B 名	나뭇잎[-문닙]	木の葉
B 名	나비	蝶
B 動	나빠지다	悪くなる
A 形	나쁘다	悪い、良くない
B 動	나서다	出る、進み出る
C 動	나아가다	進む
C 動	나아지다	❶よくなる ❷うまくなる
A 動	나오다	出てくる
A 名	나이	年、年齢
A 名	나중	あと、のち、のちほど
C 名	나침반(羅針盤)	羅針盤
B 動	나타나다	現れる、表れる
B 動	나타내다	現わす、表す
B 名	나흘	よっか
B 名	낙엽(落葉)[나겹]	落ち葉
B 名	낚시[낙씨]	釣り針、釣り
C 名	낚시꾼[낙씨-]	釣り人
C 名	낚싯대[낙신때]	釣り竿

C 名	난리(亂離)[날-]	乱、変乱、戦争
C 名	난방(暖房)	暖房
A 名	날	❶日 ❷天気 ❸時期、時
B 名	날개	羽、翼
A 動	날다	飛ぶ
C 動	날리다	飛ばされる
A 名	날씨	天気
B 動	날아가다[나라-]	飛んでいく
C 動	날아다니다[나라-]	飛び回る、飛び交う
B 動	날아오다[나라-]	飛んでくる
A 名	날짜	日数、日、期日
C 形	날카롭다[-따]	❶鋭い ❷細かい ❸鋭敏だ
B 形	낡다[낙따]	古い
C 名	남	(自分以外の)人、他人
B 名	남(南)	南
B 名	남(男)	男、男性
B 動	남기다	残す
A 名	남녀(男女)	男と女

B 動	남다[–따]	残る、余る
A 名	남대문(南大門)	南大門(ナンデムン)
A 名	남대문시장(南大門市場)	南大門市場(ナンデムン市場)
A 名	남동생(男同生)	弟
B 名	남매(男妹)	兄と妹
C 名	남미(南美)	南米
C 名	남부(南部)	南部
C 名	남북(南北)	南北
B 名	남산(南山)	南山
B 名	남성(男性)	男性
A 名	남자(男子)	男子、男
A 名	남쪽(南–)	南方、南側
A 名	남편(男便)	夫、亭主
A 名	남학생(男學生)	男子学生
C 動	납득하다(納得–)[–뜨카–]	納得する
B 動	낫다[낟따]	なおる、癒える
B 形	낫다[낟따]	❶優れている ❷よい
C 名	낭비(浪費)(하)	浪費
A 名	낮[낟]	昼、昼間

A 形 낮다[낟따]	❶(高さが)低い ❷(品質などが)劣っている	ㄴ
C 動 낮아지다[나자-]	低くなる	
C 動 낮추다[낟-]	低くする	
B 形 낯설다[낟썰-]	面識がない、見慣れない	
C 名 낱말[난-]	単語	
B 動 낳다[나타]	❶生む ❷もたらす	
C 名 내	❶うち ❷中	
C 名 내과(内科)[-꽈]	内科	
B 副 내내	❶終始、ずっと ❷常に	
A 名 내년(来年)	来年	
B 動 내놓다[-노타]	出す、差し出す	
A 動 내다	出す	
A 補 내다	～し抜く、～し切る	
C 動 내다보다	外を見る、眺める	
C 名 내달(来-)	来月	
A 動 내려가다	下りる、下る	

B	動 내려놓다[-노타]	下ろす、下に置く
B	動 내려다보다	見下ろす
A	動 내려오다	下りてくる、下りる
C	動 내려지다	下ろされる
A	動 내리다	下りる、下す
B	動 내밀다	出す、突き出す
C	動 내버리다	捨てる、投げ捨てる
C	動 내보내다	出す、出ていかせる、追い出す
C	名 내부(内部)	内部
C	動 내쉬다	吐く、つく
C	名 내외(内外)	❶内外 ❷夫婦
C	名 내외(内外)(하)	婦女がよその男性と直接顔を合わすのを避けること
B	名 내용(内容)	内容
C	名 내용물(内容物)	内容物
A	名副 내일(来日)	明日
C	名 내적(内的)[-쩍]	内的
C	動 내주다	渡してやる、渡す

B 副	내지(乃至)	❶ないし ❷または
C 名	내후년(來後年)	再来年、明後年
B 名	냄비	鍋
B 名	냄새	❶におい ❷気配
C 名	냇물[낸-]	お川の水、小川の流れ
C 名	냉동(冷凍)(하)	冷凍
A 名	냉면(冷麵)	冷麺
C 名	냉방(冷房)	冷房
A 名	냉장고(冷藏庫)	冷蔵庫
A 代	너	あなた
B 名	너머	❶向う、向こう側 ❷〜越し
A 副	너무	度を越して、あまり
B 副	너무나	あまりに('너무'の強調形)
B 代	너희[-히]	あなた達
C 数	넉	四つの
C 形	넉넉하다[넝너카-]	❶十分だ ❷ゆとりがある ❸(暮らしが)豊かだ

C 副 널리	❶広く、あまねく ❷寛大に
A 形 넓다[널따]	広い
B 動 넓어지다[널버-]	広くなる、広がる
B 動 넓히다[널피-]	広くする、広げる
C 動 넘겨주다	渡す、渡してやる
C 動 넘기다	渡す、返す
B 動 넘다[-따]	❶越す、越える ❷過ぎる
B 動 넘어가다[너머-]	❶越える ❷倒れる
C 動 넘어뜨리다[너머-]	倒す
B 動 넘어서다[너머-]	越す、越える、通り越す
C 動 넘어오다[너머-]	❶越えてくる、回ってくる ❷吐き気を催す
B 動 넘어지다[너머-]	倒れる、転ぶ
B 動 넘치다	❶あふれる ❷過ぎる
A 動 넣다[너타]	入れる
A 冠 네	四つの

A 感 네	はい	
B 名 네거리	十字路	ㄴ
A 名 넥타이(necktie)	ネックタイ	
A 数 넷[녇]	四つ	
A 数冠 넷째[녇-]	❶第四 ❷四番目	
B 名 녀석	やつ、やろう	
A 名 년(年)	年	
B 名 년대(年代)	年代	
B 名 년도(年度)	年度	
C 名 년생(年生)	年生まれ	
C 名 노동(勞動)(하)	労働	
B 名 노동자(勞動者)	労働者	
A 名 노란색(-色)	黄色	
B 形 노랗다[-라타]	黄色い	
A 名 노래(하)	歌	
B 名 노래방(-房)	カラオケ	
A 動 노래하다	歌う	
B 名 노랫소리[-랟쏘-]	歌声	
B 名 노력(努力)(하)	努力	
B 動 노력하다(努力-)[-려카-]	努力する	

C 名	노선(路線)	路線
B 名	노인(老人)	老人、年寄り
A 名	노트(note)(하)	❶ノート
		❷書きとめること
C 動	녹다[-따]	溶ける、解ける
B 名	녹색(綠色)[-쌕]	緑色
B 名	녹음(錄音)[노금]	録音
B 動	녹음하다(錄音-)[노금-]	録音する
C 動	녹이다[노기-]	溶かす
B 名	녹차(綠茶)	緑茶
C 名	녹화(錄畫)(하)[노콰]	録画
C 名	논	田、水田、田んぼ
C 名	논리(論理)[놀-]	論理
C 名	논리적(論理的)[놀-]	論理的
B 名	논문(論文)	論文
B 動	논의하다(論議-)[노니-]	相談する
C 名	논쟁(論爭)(하)	論争
C 動	논하다(論-)	論ずる
A 動	놀다	遊ぶ
A 動	놀라다	驚く、びっくりする

B 形	놀랍다[-따]	❶驚くべきだ ❷驚くほどすばらしい
C 動	놀리다	❶遊ばせる ❷からかう
B 名	놀이(하)[노리]	遊び、ゲーム
B 名	놀이터[노리-]	遊び場、行楽地
C 名	놈	やつ
B 名	농구(籠球)	バスケットボール
B 名	농담(弄談)(하)	冗談
C 名	농민(農民)	農民
C 名	농부(農夫)	農夫
B 名	농사(農事)	農業、農事
C 名	농사일(農事-)	農業の仕事
C 動	농사짓다(農事-)[-짇따]	農業を営む
C 名	농산물(農産物)	農産物
B 名	농업(農業)	農業
C 名	농장(農場)	農場、農園
B 名	농촌(農村)	農村
A 形	높다[놉따]	❶高い ❷(程度などの数値が)大きい

B 動	높아지다[노파-]	(状態、程度などが)高くなる
B 名	높이[노피]	高さ
B 副	높이[노피]	高く、高らかに
B 動	높이다[노피-]	❶高くする、高める ❷尊敬する
A 補	놓다[노타]	(〜して)おく
A 動	놓다[노타]	❶置く ❷放す ❸解消する
C 動	놓아두다[노-]	❶置いておく ❷そのままにしておく
B 動	놓이다[노-]	置かれる
B 動	놓치다[노-]	❶取り落とす ❷(機会などを)失う、逃す
C 動	놔두다	放置する
C 名	뇌(脳)	脳、頭脳
A 代	누구	誰
A 名	누나	姉(男性から言う場合)
B 動	누르다	❶押す ❷押さえる

A 名 눈	目、眼	
A 名 눈	雪	
C 名 눈가[-까]	目尻、目のふち	
C 動 눈감다[-따]	❶目をとじる ❷見て見ないふりをする ❸死ぬ	
C 名 눈길[-낄]	❶視線 ❷雪道	
C 名 눈동자(-瞳子)[-똥-]	瞳、瞳孔	
C 動 눈뜨다	❶目をあける ❷目覚める	
A 名 눈물	涙	
C 名 눈병(-病)[-뼝]	眼病、眼疾	
C 形 눈부시다	❶(光が強くて)まぶしい ❷(活躍などが)目覚ましい	
B 名 눈빛[-삗]	目つき、目の色	
B 名 눈썹	眉、眉毛	
B 名 눈앞[누납]	目の前、目先	
B 動 눕다[-따]	❶横になる ❷病の床につく	

A 名 뉴스(news)	ニュース
B 名 뉴욕(New York)	ニューヨーク
B 動 느껴지다	感じられる
B 動 느끼다	感じる
B 名 느낌	感じ、気持
B 形 느리다	❶のろい、遅い ❷(流れ・傾斜などが)緩やかだ
C 名 늑대[-때]	狼
B 副 늘	いつも、常に、しきりに、たびたび
B 動 늘다	❶伸びる ❷(量が)増える
B 動 늘리다	❶伸ばす ❷増やす
B 動 늘어나다[느러-]	❶伸びる、長くなる ❷増える、増加する
C 動 늘어놓다[느러노타]	❶並べる、配列する ❷散らかしておく
C 動 늘어서다[느러-]	(列をなして)並ぶ
C 動 늘어지다[느러-]	❶伸びる ❷長引く

		❸楽になる ❹垂れ下がる
B	動늙다[늑따]	老いる
C	名능동적	能動的
B	名능력(能力)[-녁]	能力
C	名늦가을[늗까-]	晩秋
A	形늦다[늗따]	❶遅い ❷緩い
A	動늦다[늗따]	遅れる
C	動늦어지다[느저-]	遅れる、遅くなる

ㄷ

A 副 다	❶ すべて、全部 ❷ もう〜ない
A 名 다	❶ 全部、皆 ❷ おしまい
B 動 다가가다	近寄る、近づく
C 動 다가서다	近寄る
B 動 다가오다	❶ 近寄ってくる ❷ 追ってくる、追ってくる
B 動 다녀가다	立ち寄って行く
A 動 다녀오다	行って来る
A 動 다니다	❶ 通う ❷ 寄る
C 動 다듬다[-따]	❶ 整える ❷ 摘み取ってきれいにする
C 動 다루다	❶ 扱う ❷ もてなす
A 形 다르다	❶ 違う、異なる ❷ 尋常ではない
A 冠 다른	別の、他の

C	形 다름없다[-르업따]	異なるところがない、同じだ、同然だ
A	名 다리	脚
A	名 다리	橋
C	副 다만	ただ、単に、もっぱら
C	名 다방(茶房)	喫茶店
A	数 다섯[-섣]	五つ
A	数冠 다섯째[-섣-]	五番目
C	副 다소(多少)	多少
B	名 다수(多數)	多数
A	副 다시	❶もう一度 ❷再び ❸また ❹これ以外に
C	名 다양성(多樣性)[-썽]	多様性
B	形 다양하다(多樣-)	多様だ、いろいろだ
C	動 다양해지다(多樣-)	多様になる、多様化する
A	名 다음	次、のち
B	名 다이어트(diet)(하)	ダイエット
C	形 다정하다(多情-)	❶優しい ❷親しい

C 動	다지다	❶固める ❷念を押す ❸心に誓う
C 動	다짐하다	❶念を押す ❷心に誓う
B 動	다치다	❶怪我をする、傷つく ❷害を与える
C 動	다투다	❶戦う ❷競う
C 名	다툼	争い、競い、けんか
B 動	다하다	❶終わる ❷尽きる ❸尽くす、果たす
C 名	다행(多幸)	幸運、幸い、幸せ
B 副	다행히(多幸-)	幸い(に)、運良く
C 動	닥치다	近づく、迫る
A 動	닦다[닥따]	❶磨く ❷拭う ❸修める
B 冠	단(單)	単に、たった、わずか
C 名	단(段)	段
C 名	단계(段階)[-게]	段階
C 名	단골	なじみ、お得意先、常連
C 形	단단하다	❶固い ❷丈夫だ

		❸ しっかりしている
C 名	단독(單獨)	単独、ただひとつ
B 名	단맛[-맏]	甘み、甘味
C 名	단순(單純)(하)	単純
B 形	단순하다(單純-)	単純だ
B 副	단순히(單純-)	単純に
A 名	단어(單語)[다너]	単語
C 名	단위(單位)[다뉘]	単位
B 名	단점(短點)[-쩜]	短所、欠点
B 副	단지(但只)	ただ、単に、もっぱら
B 名	단지(團地)	団地
B 名	단체(團體)	団体
C 名	단추	ボタン
C 名	단편(短篇)	短篇
C 名	단풍(丹楓)	紅葉
A 動	닫다[-따]	閉める、閉じる
B 動	닫히다[다치-]	閉まる、閉じる
A 名	달	月
A 名	달	(暦の上の月)〜月
B 名	달걀	卵

B 動 달다	❶煮詰まる ❷あせる ❸ほてる
B 動 달다	つるす、垂らす、ぶら下げる
C 動 달다	量る
A 形 달다	甘い
B 動 달라지다	変わる、変化する
C 動 달래다	❶慰める ❷あやす
A 名 달러(dollar)	ドル
B 動 달려가다	走って行く、駆けつける
C 動 달려들다	❶とびかかる ❷仲間入りする
B 動 달려오다	走って来る、かけて来る
A 名 달력(-曆)	暦、カレンダー
C 副 달리	他に、違って
C 名 달리기(하)	駆けっこ、駆けくらべ
B 動 달리다	走る
B 動 달리다	❶及ばない ❷足りな

		い ❸ぶら下がる ❹左右される
C 動	달리하다	異にする
B 名	달빛[-삗]	月光、月明かり
B 動	달아나다[다라-]	❶逃げる、逃走する ❷なくなる
A 名	닭[닥]	鶏
A 名	닭고기[닥꼬-]	鶏肉
B 動	닮다[담따]	❶似る、似通う ❷近くなる
C 名	담	❶垣 ❷胆、胆力、肝 ❸炭 ❹痰
B 動	담그다	❶漬ける ❷浸す ❸醸造する
B 動	담기다	❶盛られる、入る ❷こもる
B 動	담다[담따]	❶盛る ❷込める
C 名	담당(擔當)(하)	担当、受け持ち
C 名	담당자(擔當者)	担当者
B 動	담당하다(擔當-)	担当する

A 名	담배	たばこ
B 名	담요[-뇨]	毛布、ブランケット
B 名	담임(擔任)[다밈]	担任、受け持ち
C 名	답	答、回答、解答
B 形	답답하다[-따파-]	❶重苦しい、うっとうしい ❷息苦しい ❸心配だ
C 名	답변(答辯)[-뻔]	答弁、返答
B 名	답장(答狀)(하)[-짱]	返事、返信
B 動	답하다(答-)[다파-]	答える
B 名	닷새[닫쌔]	いつか、5日間
B 名	당근	ニンジン
B 動	당기다	❶引っ張る、引き寄せる ❷引く ❸その気になる
C 形	당당하다(堂堂-)	❶堂々としている ❷立派だ
C 副	당분간(當分間)	当分の間
C 名	당시(當時)	当時、その時
B 代	당신(當身)	あなた

B 形	당연하다(當然-)	当然だ、当たり前だ
B 副	당연히(當然-)	当然
B 名	당장(當場)	即座、直ちに
C 動	당하다(當-)	❶当たる、会う ❷適当である ❸〜される、受ける ❹匹敵する
B 動	당황하다(唐慌-)	慌てる、うろたえる
B 動	닿다[다타]	❶つく ❷届く ❸触れる
C 名	대	❶茎 ❷棒、竿
C 名	대	❶(叩く回数)〜回、〜発 ❷(タバコを吸う回数)〜服 ❸(注射する回数)〜本
C 名	대(代)	代
B 名	대(對)	対
B 名	대(臺)	台
C 名	대가(代價)[-까]	代価
C 副	대강(大綱)	大要、あらまし

C 副	대개(大槪)	ほぼ、だいたい
C 名	대개(大槪)	大概、大体、大抵、ほとんど
B 名	대구(大邱)	大邱(テグ)
C 名	대규모(大規模)	大規模
C 名	대기(大氣)	大気、空気
B 名	대기업(大企業)	大企業
C 動	대기하다(待機−)	待機する
C 名	대낮[−낟]	真昼、白昼
C 動	대다	❶当てる、付ける ❷対比する ❸水を引く ❹話す、告げる
C 名	대다수(大多數)	大多数
B 形	대단하다	(程度が)はなはだしい、ものすごい、すばらしい
B 副	대단히	非常に、たいへん
A 名	대답(對答)(하)	答え、返事
A 動	대답하다(對答−)[−다파−]	答える、回答する
B 名	대도시(大都市)	大都市

C 副 대략(大略)	だいたい、おおよそ
C 名 대량(大量)	大量、多量
C 名 대로	❶ 大通り
	❷ ～のまま、～とおり
C 名 대륙(大陸)	大陸
B 名 대문(大門)	表門、正門、大門
B 名 대부분(大部分)	大部分、ほとんど
C 名 대비(對備)(하)	備え
C 動 대비하다(對備-)	備える、準備する
C 名 대사(大使)	大使
C 名 대사(臺詞)	せりふ
A 名 대사관(大使館)	大使館
C 名 대상자(對象者)	対象者
B 名 대신(代身)(하)	代理、代行、代用
C 動 대신하다(代身-)	代用する
C 数冠 대여섯	五つか六つ、5～6
C 名 대응(對應)(하)	対応
C 動 대응하다(對應-)	対応する
C 名 대입(大入)	大学入学
B 名 대전(大田)	大田(テジョン)

C 名	대접(待接)(하)	もてなし、接待
C 動	대접하다(待接-)[-저파-]	もてなす、接待する
B 名	대중(大衆)	大衆、群衆
B 名	대중교통(大衆交通)	大衆交通
B 名	대중문화(大衆文化)	大衆文化
C 名	대중적(大衆的)	大衆的
C 名	대책(對策)	対策
C 動	대처하다(對處-)	対処する
C 副	대체(大體)	いったい、そもそも
C 副	대체로(大體-)	大体、概して、おおよそ、総じて、
C 名	대출(貸出)(하)	貸し出し
C 副	대충	おおまかに、おおよそ
B 名	대통령(大統領)	大統領
B 名	대표(代表)(하)	代表
B 名	대표적(代表的)	代表的
C 動	대표하다(代表-)	代表する
B 動	대하다(對-)	❶対する ❷関係する ❸相手にする
A 名	대학(大學)	大学

A 名	대학교(大學校)[-교]	大学、総合大学
B 名	대학교수(大學教授)[-교-]	大学教授
C 名	대학로(大學路)[-항노]	大学路(テハンノ)
A 名	대학생(大學生)[-쌩]	大学生
B 名	대학원(大學院)[-하권]	大学院
B 名	대한민국(大韓民國)	大韓民国
C 名	대합실(待合室)[-씰]	待合室
C 名	대형(大型)	大型
A 名	대화(對話)(하)	対話、話し合い
B 動	대화하다(對話-)	対話する、話し合う
B 名	대회(大會)	大会、試合
A 名	댁(宅)	お宅
C 名	댐(dam)	ダム
A 副	더	❶もっと、さらに ❷より長く、もう少し
B 副	더구나	その上、しかも、それに、なお
C 副	더더욱	もっと、さらに、なお、いっそう
C 動	더러워지다	汚くなる、汚れる、

ㄷ

127

B 形 더럽다[-따]	❶汚い ❷下品だ
C 動 더불다	～とともにする
C 副 더욱	もっと、さらに、なお、いっそう
C 副 더욱더[-떠]	なおいっそう、ますます、なおさら
C 副 더욱이[-우기]	なおかつ、さらに
B 名 더위	暑さ
B 動 더하다	❶加える ❷ひどくなる
C 名 덕(德)	徳、恵み、利益
B 名 덕분(德分)[-뿐]	おかげ
B 名 덕수궁(德壽宮)[-쑤-]	徳寿宮(トクスクン)
B 動 던지다	❶投げる ❷ささげる
B 副 덜	少なく、少なめに
C 動 덜다	❶減らす ❷なくす
A 形 덥다[-따]	暑い
C 動 덧붙이다[덛뿌치-]	付け加える
C 名 덩어리	かたまり
B 動 덮다[덥따]	❶覆う ❷蓋をする

		❸ 秘密にする
		❹ 閉じる
C	動덮이다[더피-]	覆われる、包まれる
B	名데	❶ ところ
		❷ ～するのに
B	動데려가다	連れて行く、連行する
B	動데려오다	連れて来る、連れて帰る
B	動데리다	連れる、率いる、伴う
C	動데우다	温める、沸かす
C	名데이트(date)(하)	デート
C	名도(度)	度
C	名도(道)	道理
C	名도(道)	道(行政区域のひとつ)
B	名도구(道具)	道具
C	動도달하다(到達-)	到達する
C	副도대체(都大體)	一体、まったく
C	名도덕(道德)	道徳
B	名도둑	泥棒、盗人
B	副도로	もとに、もとどおり

B 名 도로(道路)	道路
C 副 도리어	かえって、反対に、むしろ
C 名 도마	まな板
C 名 도망(逃亡)(하)	逃亡、逃走
B 動 도망가다(逃亡-)	逃亡する
C 動 도망치다(逃亡-)	逃亡する、逃げ出す、逃走する
A 名 도서관(圖書館)	図書館
A 名 도시(都市)	都市
B 名 도시락	お弁当、弁当箱
C 名 도심(都心)	都心
A 動 도와주다	手伝う、助けてやる
B 名 도움	助け、助力
C 名 도움말	助言
C 名 도입(導入)(하)	導入
B 名 도자기(陶瓷器)	陶磁器、焼物
C 名 도장(圖章)	印、印章、はんこ
C 副 도저히(到底-)	到底、とても
C 名 도전(挑戰)(하)	挑戦

B	名 도중(途中)	途中
A	名 도착(到着)(하)	到着
A	動 도착하다(到着-)[-차카-]	到着する、着く
B	名 도쿄(東京)	東京
C	名 독감(毒感)[-깜]	流感、インフルエンザ
C	名 독립(獨立)(하)[동닙]	独立
C	動 독립하다(獨立-)[동니파-]	独立する
B	名 독서(讀書)(하)[-써]	読書
A	名 독일(獨逸)[도길]	ドイツ
B	名 독일어(獨逸語)[도기러]	ドイツ語
C	名 독창적(獨創的)	独創的
C	形 독특하다(獨特-)[-트카-]	独特だ
C	形 독하다(毒-)[도카-]	❶有毒だ ❷(味・においが)きつい、ひどい ❸意志が強い
A	名 돈	銭、お金
B	名 돌	石
B	動 돌다	❶回る ❷(うわさ・伝染病が)広がる ❸稼動する、動く

B 動	돌려주다	返す、返還する
B 動	돌리다	❶回す ❷ほっとする
C 名	돌멩이	小石、石ころ
B 動	돌보다	世話をする、面倒を見る
A 動	돌아가다[도라-]	❶帰る ❷回転する
C 動	돌아다니다[도라-]	歩き回る
B 動	돌아보다[도라-]	❶振り返る、振り向く ❷反省する
B 動	돌아서다[도라-]	❶後ろ向きになる ❷回復する ❸裏切る
A 動	돌아오다[도라-]	❶帰る、戻る ❷(順番が)回ってくる
A 動	돕다[-따]	❶助ける ❷促進する
C 冠	동(同)	同じ
C 名	동(棟)	棟
C 名	동그라미	円、丸、円形
C 形	동그랗다[-라타]	丸い
B 名	동기(動機)	動機
C 名	동기(同期)	同期 ❶同じ時期

	❷	同期生
B	名 동네(洞-)	村、街
B	名 동대문(東大門)	東大門(トンデムン)
B	名 동대문시장(東大門市場)	東大門市場(トンデムン市場)
C	名 동료(同僚)[-뇨]	同僚、仲間
A	名 동물(動物)	動物
B	名 동물원(動物園)[-무뤈]	動物園
C	名 동부(東部)	東部
A	名 동생(同生)	年下の兄弟(弟または妹)
C	名 동서(東西)	東西
C	名 동서남북(東西南北)	東西南北
B	名 동시(同時)	同時
B	名 동아리	サークル
A	名 동안	間、期間
B	名 동양(東洋)	東洋
C	名 동양인(東洋人)	東洋人
C	名 동의(同意)(하)[-이]	同意
C	動 동의하다(同意-)[-이-]	同意する

C 形	동일하다(同一--)	同一している、同じだ
C 名	동작(動作)(하)	動作
B 名	동전(銅錢)	小銭
A 名	동쪽(東-)	東、東方
B 名	동창(同窓)	同窓、同学
C 名	동포(同胞)	同胞
C 名	동행(同行)(하)	同行、道連れ
B 名	동화(童話)	童話
C 名	동화책(童話冊)	童話の本
A 名	돼지	豚
A 名	돼지고기	豚肉
B 副	되게	すごく、非常に
A 動	되다	❶なる ❷及ぶ ❸完成する
C 動	되돌리다	❶逆転させる、反対の方向に回す ❷(元に)戻す
C 動	되돌아가다[-도라-]	戻る、戻っていく、引き返す
C 動	되돌아보다[-도라-]	振り返る、かえりみる

C 動 되돌아오다[-도라-]	戻ってくる
C 動 되살리다	生き返らせる
C 動 되찾다[-찬따]	取り戻す
C 動 되풀이되다[-푸리-]	繰り返す
C 動 되풀이하다[-푸리-]	繰り返す
B 名 된장(-醬)	味噌
B 名 된장찌개	味噌チゲ
A 冠 두	二つ
B 形 두껍다[-따]	厚い、ぶ厚い
C 名 두께	厚さ、厚み
C 名 두뇌(頭腦)	頭脳
B 補 두다	(〜して)おく
B 動 두다	❶置く ❷設置する ❸(碁・将棋などを)打つ
C 形 두드러지다	目立っている
B 動 두드리다	叩く、打つ
C 名 두려움	❶恐れ ❷不安
C 動 두려워하다	❶恐れる ❷心配する
C 形 두렵다[-따]	❶恐ろしい ❷心配だ

C	動두르다	❶巻く ❷囲む ❸回す
C	動두리번거리다	きょろきょろ見回す
B	名두부(豆腐)	豆腐
B	冠두세	二つか三つ、2～3
C	冠두어	二つほどの
B	名두통(頭痛)	頭痛
A	数둘	二つ
B	動둘러보다	見回す、見渡す
C	動둘러싸다	❶取り囲む ❷巡る
C	動둘러싸이다	取り囲まれる
A	数冠둘째	❶第二 ❷二番目
B	形둥글다	丸い
C	名둥지	(はとなどの)巣
A	名뒤	❶後、後方 ❷のち ❸背後
C	形뒤늦다[-는따]	遅すぎる、手遅れだ
C	動뒤따르다	後に従う
C	動뒤지다	❶及ばない ❷くまなくさがす
B	動뒤집다[-따]	❶裏返す ❷覆す

		❸逆さにする
		❹逆転させる
B	名뒤쪽	後側、後方
C	名뒤편(-便)	後ろの方、後ろ側
C	名뒷골목[뒤꼴-/뒫꼴-]	裏道、裏通り
C	名뒷모습[뒨-]	後ろ姿、後ろ影
C	名뒷문(-門)[뒨-]	裏門、裏口
B	名뒷산(-山)[뒫싼-]	裏山
C	副드디어	とうとう、ついに、ようやく
B	名드라마(drama)	ドラマ
C	動드러나다	❶現れる ❷見つかる
A	動드리다	❶さしあげる('주다'の尊敬語) ❷申し上げる
A	動드리다	垂れる、垂らす
C	形드물다	❶めったにない ❷珍しい
A	動듣다[-따]	❶聞く ❷効く
B	名들	野原、野、平野
A	動들다	入る

A 動 들다	❶持つ ❷持ち上げる ❸挙げる
B 動 들다	取る、食べる
B 動 들려오다	聞こえてくる
B 動 들려주다	聞かせてやる、聞かせてくれる
B 動 들르다	寄る、立ち寄る
B 動 들리다	聞こえる
A 動 들어가다[드러-]	❶入る ❷かかる ❸含まれる
B 動 들어서다[드러-]	❶入る、立ち入る ❷建っている
A 動 들어오다[드러-]	❶入る ❷加わる
C 動 들어주다[드러-]	❶聞き入れる、取り入れる ❷代わりに持ってやる
C 動 들여놓다[드려노타]	❶入れておく、持ち込む ❷仕入れる
B 動 들여다보다[드려-]	のぞく、のぞき見る
C 動 들이다[드리-]	❶入れる ❷費やす

C 動 들이마시다[드리-]	吸い込む、吸う
C 動 들이켜다[드리-]	飲み干す、引っかける
C 名 듯[듣]	ように、そうに
C 補 듯싶다[듣씹따]	(〜の)ようだ、〜そうだ
B 名 듯이[드시]	ように、そうに
C 補 듯하다[드타-]	(〜の)ようだ、〜そうだ
B 名 등	背、背中
B 名 등(等)	等
B 名 등(等)	❶等級 ❷〜等
C 名 등등(等等)	等々
B 名 등록(登錄)(하)[-녹]	登録
B 名 등록금(登錄金)[-녹끔]	大学の授業料
C 名 등록증(登錄證)[-녹쯩]	登録証
C 動 등록하다(登錄-)[-노카-]	登録する
A 名 등산(登山)(하)	登山、山登り
B 名 등산로(登山路)[-노]	登山路
C 名 등장(登場)(하)	登場
C 動 등장하다(登場-)	登場する
C 名 디스크(disk)	ディスク ❶レコード ❷椎間板ヘルニア

B	名디자이너(designer)	デザイナー
B	名디자인(design)(하)	デザイン
C	名따님	お嬢様、令嬢、娘さん
B	動따다	❶摘む ❷切開する ❸(資格など)得る
A	形따뜻하다[-뜨타-]	暖かい
B	動따라가다	ついて行く
C	動따라다니다	ついていく、つきまとう
C	副따라서	したがって、だから
B	動따라오다	ついてくる、追ってくる
B	副따로	別に、別々に、離れて
C	副따로따로	別々に
B	動따르다	注ぐ
B	動따르다	❶追う ❷従う
C	形따스하다	暖かい
B	副딱	しっかりと
C	副딱	かたく、ぎゅっと、じっと

C 形 딱딱하다[-따카-]	❶固い、こちこちだ ❷ぎこちない、堅苦しい
B 冠 딴	別の、他の、異なる
A 名 딸	娘
A 名 딸기	いちご
C 名 딸아이[따라-]	うちの娘
B 名 땀	汗
B 名 땅	土地、陸地、地
C 名 땅바닥[-빠-]	地面、地べた
C 名 땅속[-쏙]	地下、地中
B 名 땅콩	ピーナッツ
A 名 때	❶時刻、時間 ❷時期 ❸時節
C 名 때	垢、汚名
B 副 때때로	時々
C 副 때로	たまに
C 動 때리다	たたく、殴る
A 名 때문	(の)ため、(の)わけ
B 名 땜	❶(の)ため、(の)わけ

		❷一部分だけ繕うこと
C	動떠나가다	立ち去る
A	動떠나다	❶離れる、去っていく
		❷死ぬ、亡くなる
C	動떠나오다	離れてくる
B	動떠들다	❶騒ぐ ❷あばく
C	動떠들썩하다[-써카-]	浮いている、持ち上がっている
B	動떠오르다	❶浮かぶ ❷昇る
B	動떠올리다	浮かんでくる
A	名떡	餅
C	名떡국[-꾹]	雑煮
B	名떡볶이[-뽀끼]	トッポキ
B	動떨다	揺れる、震える
B	動떨리다	震える
B	動떨어뜨리다[떠러-]	❶落とす、引き離す ❷下げる
B	動떨어지다[떠러-]	❶落ちる ❷下がる ❸劣る
C	名떼	群れ、集団

B 動	떼다	❶取り外す ❷目を離す ❸やめる
A 副	또	また、再び、もう一度
B 副	또는	または、あるいは、もしくは、それとも
B 副	또다시	再び、もう一度
B 副	또한	❶同じく ❷その上
A 形	똑같다[-깓따]	まったく同じだ
B 副	똑같이[-까치]	ちょうど同じく
B 形	똑똑하다[-또카-]	❶(物事が)はっきりしている ❷(性格など)しっかりしている
A 副	똑바로[-빠-]	❶まっすぐに ❷正直に
B 名	뚜껑	ふた、キャップ
C 動	뚫다[뚤타]	❶穴を開ける ❷突破する
B 形	뚱뚱하다	太っている
C 動	뛰놀다	飛び回って遊ぶ
A 動	뛰다	走る、駆ける

A 動	뛰다	どきどきする
C 動	뛰어가다	走って行く、駆けて行く
B 動	뛰어나가다	走り出る、走り出す
C 形	뛰어나다	❶優れている ❷目立っている
C 動	뛰어나오다	走り出る、走り出す
C 動	뛰어내리다	飛び下りる
C 動	뛰어넘다[-따]	飛び越える、乗り越える
C 動	뛰어놀다	飛び回る、遊ぶ
B 動	뛰어다니다	走り回る、飛び回る
B 動	뛰어들다	❶飛び込む ❷かかわる ❸首を突っ込む
B 動	뛰어오다	走って来る、駆けてくる
C 動	뛰어오르다	飛び上がる、跳ねる
A 形	뜨겁다[-따]	❶(温度が)高い、熱い ❷熱烈だ

B 動 뜨다		❶浮く ❷昇る ❸漂う
B 動 뜨다		❶隔たりができる ❷(空間的に)かけ離れる
C 動 뜨다		あける、外す、立つ
C 動 뜯다[-따]		❶取る、ちぎる ❷破る、摘む
C 名 뜰		庭
B 名 뜻[뜯]		❶味、訳、内容 ❷代価 ❸志、意志
C 副 뜻대로[뜯-]		思いのままに、思ったとおりに
C 名 뜻밖[뜯빡]		予想外、意外、思いのほか
C 副 뜻밖에[뜯빠께]		意外に、予想外に、思いがけなく、不意に
C 動 뜻하다[뜨타-]		意味する
C 動 띄다[띠-]		目が覚める、目につく
C 動 띄우다[띠-]		浮かべる

ㄷ

145

ㄹ

A 名 라디오(radio) ラジオ
A 名 라면 ラーメン
C 名 라운드(round) ラウンド
C 名 라이벌(rival) ライバル、好敵手
B 名 라이터(lighter) ライター
C 名 라인(line) ライン
C 名 라켓(racket)[-켇] ラケット
A 名 러시아(Russia) ロシア
B 名 런던(London) ロンドン
B 名 레몬(lemon) レモン
B 名 레스토랑(프restaurant) レストラン
C 名 레이저(laser) レーザー
C 名 레저(leisure) レジャー
B 名 렌즈(lens) レンズ
C 名 로봇(robot)[-볻] ロボット
C 名 로터리(rotary) ロータリー
C 名 리(里) 里
C 名 리그(league) リーグ

B 名리듬(rhythm)　　　　リズム
C 名리터(liter)　　　　　リットル

ㅁ

B 副 마구		❶やたらに、むやみに ❷しきりに、ぞんざいに
C 名 마누라		家内、女房
B 名 마늘		ニンニク
C 名 마당		屋敷内の空き地、庭
C 名 마당		場所、舞台
C 名 마디		❶節 ❷せつ、段落
C 形 마땅하다		❶適当だ ❷当然だ
C 名 마라톤(marathon)		マラソン
C 名 마련		～に決まっている
C 名 마련(하)		準備、備え、用意
B 動 마련되다		準備される、備えられる
B 動 마련하다		準備する、工面する
B 名 마루		板の間、縁側、フロア
B 動 마르다		❶枯れる、渇く ❷やせる

A 名 마리	匹	
C 名 마무리(하)	仕上げ、けり、結末	
B 名 마사지(massage)(하)	マッサージ	
A 動 마시다	飲む	
C 名 마약(痲藥)	麻薬	
C 名 마요네즈(프mayonnaise)	マヨネーズ	
B 名 마을	村、村落、里	
A 名 마음	❶心 ❷考え ❸愛情	
C 名 마음가짐	心構え、決心	
C 副 마음껏[-껀]	思う存分、心ゆくまで	
B 副 마음대로	勝手に、思い通りに、随意に	
C 動 마음먹다[-따]	決心する、決意する	
B 名 마음속[-쏙]	心中、内心	
C 名 마음씨	心掛け、気立て	
A 名 마이크(mike)	マイク	
A 副 마주	❶向き合って ❷正面から	
A 動 마주치다	❶(目が)合う ❷思いがけなく会う	

B 名	마중(하)	出迎え
A 名	마지막	最後、終り
B 名	마찬가지	同じこと、同様
C 名	마찰(摩擦)(하)	摩擦
B 副	마치	まるで、あたかも
B 動	마치다	終える、遂げる
B 副	마침	ちょうど、ちょうどその時
B 副	마침내	とうとう、ついに
C 名	마크(mark)(하)	マーク、しるし
A 数	마흔	四十
B 副	막	たった今、ちょうどその時
B 副	막	やたらに、むやみに
C 名	막걸리	どぶろく、濁り酒
B 名	막내[망-]	末っ子、末
B 動	막다[-따]	❶防ぐ ❷さえぎる
C 副	막상[-쌍]	いざ、実際に
B 動	막히다[마키-]	❶詰まる、ふさがる ❷遮られる

C 名	만	〜め、〜ぶり
C 名	만	だけ、ばかり
A 冠	만(萬)	万
A 数	만(萬)	万、一万
B 冠	만(滿)	満
A 動	만나다	❶会う ❷遭遇する
B 名	만남	出会い、巡り会い
B 名	만두	饅頭、ギョーザ
A 動	만들다	作る
B 動	만들어지다[-드러-]	作られる
C 形	만만하다	❶軟らかい、しなやかだ ❷くみしやすい
C 名	만세(萬歲)	万歳
B 名	만약(萬若)[마냑]	万一
B 名	만일(萬一)[마닐]	万一
C 名	만점(滿點)[-쩜]	満点
C 名	만족(滿足)(하)	満足
C 形	만족스럽다(滿足-)	満足だ
B 動	만족하다(滿足-)[-조카-]	満足する

B 動 만지다	❶触る ❷取り扱う
B 名 만큼	ほど
C 補 만하다	❶～くらいだ、～の程度だ ❷十分に～できる
B 名 만화(漫畵)	漫画
C 名 만화가(漫畵家)	漫画家
A 形 많다[만타]	多い
B 動 많아지다[마나-]	多くなる、増える
A 副 많이[마니]	多く、たくさん、いっぱい、たっぷり
B 名 말	馬、駒
B 名 말(末)	末
A 名 말(하)	ことば、言語、語
C 名 말기(末期)	末期
C 動 말다	巻く
A 動 말다	やめる
C 補 말다	('~지'に付いて)～しないで、(する)な
C 動 말리다	乾かす、干す

C 動	말리다	やめさせる
A 名	말씀(하)	お話し('말'の尊敬語)
B 動	말씀드리다	申し上げる
A 動	말씀하다	お話しになる('말하다'の尊敬語)
C 副	말없이[마럽시]	無言で、黙って
C 名	말투(-套)	言葉つき、話ぶり
A 動	말하다	❶話す ❷指す、意味する
A 形	맑다[막따]	❶清い ❷晴れている
C 名	맘	心('마음'の縮約形)
C 副	맘대로	勝手に、思い通りに、随意に
A 名	맛[맏]	味、味わい、おいしさ
C 動	맛보다[맏뽀-]	味見をする
A 形	맛없다[마덥따]	(味が)まずい
A 形	맛있다[마싣따]	おいしい、うまい
C 動	망설이다[-서리-]	ためらう、躊躇する
C 名	망원경(望遠鏡)	望遠鏡
C 動	망치다	滅ぼす、台無しにする

C 動	망하다(亡-)	❶滅びる、滅亡する ❷非常に悪い
B 動	맞다[맏따]	合う、正しい
B 動	맞다[맏따]	打たれる、殴られる
B 動	맞다[맏따]	迎える
B 動	맞서다[맏써-]	❶向かい合って立つ ❷対立する、直面する
B 名	맞은편(-便)[마즌-]	向かい側、相手方
C 動	맞이하다[마지-]	迎える
B 動	맞추다[맏-]	❶一致させる ❷整える、くっつける
B 動	맡기다[맏끼-]	任せる
B 動	맡다[맏따]	受け持つ、担当する
C 動	맡다[맏따]	(においを)かぐ
C 名	매	鞭、鞭打ち
C 名	매너(manner)	マナー
B 名	매년(毎年)	毎年
B 動	매다	(紐などを)結ぶ
C 名	매달(毎-)	毎月
C 動	매달다	つるす、ぶら下げる

C 動	매달리다	❶つるされる ❷つながれる ❸しがみつく
B 名	매력(魅力)	魅力
C 副	매번(每番)	毎度、たびたび
C 名	매스컴(mass communication)	マスコミ
A 副	매우	たいへん、とても
A 名副	매일(每日)	毎日、ひごと
C 名	매장(賣場)	販売している場所
C 副	매주(每週)	毎週
C 名	매체(媒體)	媒体
A 名	맥주(麥酒)[-쭈]	ビール
B 冠	맨	❶いちばん ❷すべて
A 形	맵다[-따]	❶辛い ❷(性格・人情が)きつい ❸痛い、煙たい
C 動	맺다[맫따]	❶結ぶ ❷締めくくる
A 名	머리	❶頭 ❷髪の毛 ❸思考力
C 名	머리말	序文、まえがき

B 名	머리카락	髪の毛
C 名	머리칼	髪の毛
B 名	머릿속[-릳쏙]	頭の中
B 動	머무르다	止まる、停泊する、とどまる
C 動	머물다	止まる、停泊する、とどまる
C 動	먹고살다[-꼬-]	生活する、生きてゆく
A 補	먹다[-따]	(〜し)てしまう
A 動	먹다[-따]	食べる
C 動	먹다[-따]	よく切れる、よく削れる
C 名	먹이[머기]	食べ物、餌、餌食
B 動	먹이다[머기-]	食べさせる
B 動	먹히다[머키-]	❶食われる ❷受け入れられる
A 副	먼저	先に、まず、以前に
B 名	먼지	ほこり、ごみ、ちり
A 形	멀다	遠い
B 副	멀리	遠く、はるかに

B 動	멀어지다[머러-]	遠くなる、久しくなる
B 動	멈추다	❶止まる
		❷(雨・雪などが)やむ
B 名	멋[먿]	粋、しゃれ
B 形	멋있다[머싣따]	すばらしい、すてきだ
C 形	멋지다[먿찌-]	すばらしい、見事だ、すてきだ
C 感	멍멍	(犬のほえる声)ワンワン
C 動	멎다[먿따]	(雨・雪などが)やむ
A 名	메뉴(menu)	メニュー
B 動	메다	かつぐ
B 名	메모(memo)(하)	メモ
B 名	메시지(message)	メッセージ
C 動	메우다	埋める
B 名	메일(mail)	メール
B 名	며느리	嫁
A 名	며칠	数日、いつ
C 名	면(綿)	木綿、木綿糸
C 名	면(面)	面、表面、平面
C 名	면(面)	面(行政区画のひとつ)

C 名	면담(面談)(하)	面談
C 名	면적(面積)	面積
C 名	면접(面接)(하)	面接
C 動	면하다(免-)	免れる
C 名	멸치	カタクチイワシ
A 名	명(名)	名
C 名	명단(名單)	名簿
B 名	명령(命令)(하)[-녕]	命令
C 名	명령어(命令語)[-녕-]	命令語
C 名	명예(名譽)	名誉
C 名	명의(名義)[-이]	名義
B 名	명절(名節)	祝日(元旦・端午・中秋など)
C 名	명칭(名稱)	名称、名
B 名	명함(名銜)	名刺
C 形	명확하다(明確-)	明確だ、明らかだ
A 数冠	몇[면]	いくつ、どのくらい、いくつかの、何
B 冠	몇몇[면면]	いくらか、若干
B 冠	몇십[면씹]	何十

C 代冠	모(某)	某
C 名	모금	口に含む一回分の量
B 名	모기	蚊
B 名	모니터(monitor)	モニター
B 名	모델(model)	モデル
A 名	모두	全部、皆、全て
A 冠	모든	すべての、あらゆる
B 名	모래	砂
B 名	모레	あさって
A 動	모르다	知らない、分からない
C 名	모범(模範)	模範
C 動	모색하다(摸索-)[-새카-]	模索する
B 名	모습	容貌、姿、面
B 動	모시다	❶仕える ❷ご案内する、お招きする
B 名	모양(模様)	❶模様、ありさま、様子 ❷おしゃれ ❸成りゆき
B 名	모양(模様)	(予想・推測)～ようだ、～そうだ

C	動 모여들다	集まってくる
B	動 모으다	❶集める ❷蓄える、ためる
B	動 모이다	❶集まる ❷たまる
B	名 모임	集まり、集会、会合
A	名 모자(帽子)	帽子
B	動 모자라다	不足である、足りない
C	副 모조리	全部、すっかり
C	名 모집(募集)(하)	募集
C	動 모집하다(募集-)[-지파-]	募集する
C	副 모처럼	わざわざ、せっかく
C	名 모퉁이	角、曲がり角
A	名 목	首、喉
B	名 목걸이[-꺼리]	ネックレス
C	名 목록(目錄)[몽녹]	目録、リスト
B	名 목사(牧師)[-싸]	牧師
B	名 목소리[-쏘-]	音声、声、声色
C	名 목숨[-쑴]	命、生命、寿命
A	名 목요일(木曜日)[모교-]	木曜日
A	名 목욕(沐浴)(하)[모곡]	風呂、入浴

B	名	목욕탕(沐浴湯)[모곡-]	風呂、風呂場
B	名	목적(目的)[-쩍]	目的
B	名	목표(目標)	目標
B	動	몰다	❶追う、追いやる ❷運転する ❸(罪を)かぶせる
B	副	몰래	こっそり、ひそかに、人知れず
C	動	몰려들다	群がり集まる、押し寄せる
C	動	몰려오다	群れになって押し寄せてくる
A	名	몸	身体、身、体
C	名	몸매	格好、体つき、スタイル
B	名	몸무게	体重
B	名	몸살	極度の疲労から来る病気
C	名	몸속[-쏙]	身中、体の中
C	名	몸짓(하)[-찓]	身振り

C 名	몸통	胴体、ずうたい
B 副	몹시[-씨]	とても、非常に
A 副	못[몯]	できない、しない
C 名	못[몯]	釘
C 形	못되다[몯뙤-]	❶(性質や行いが)悪い、あくどい ❷不出来だ ❸満たない
C 形	못생기다[몯쌩-]	醜い、不細工だ
C 形	못지않다[몯찌안타]	劣らない、見劣りしない、ひけをとらない
A 形	못하다[모타-]	できない
A 動	못하다[모타-]	劣る、及ばない
A 補	못하다[모타-]	〜のあまり、〜すぎて
C 名	묘사(描寫)(하)	描写
C 動	묘사하다(描寫-)	描写する
B 名	무	大根
C 名	무(無)	無
A 形	무겁다[-따]	重い
B 名	무게	❶重量 ❷威厳
C 名	무관심(無關心)(하)	無関心

C 形	무관심하다(無關心-)	無関心だ
C 名	무궁화(無窮花)	ムクゲ
C 名	무기(武器)	武器、兵器
C 動	무너지다	倒れる、崩れる
B 名	무늬[-니]	文様、模様、綾、図柄
C 名	무대(舞臺)	舞台
B 名	무더위	蒸し暑さ
C 名	무덤	墓、墳墓、塚
C 形	무덥다[-따]	蒸し暑い
C 副	무려(無慮)	なんと、実に
B 名	무렵	頃
C 名	무료(無料)	ただ、無料
B 名	무릎[-릅]	膝、小膝
C 名	무리	群れ、集まり、連中
C 名	무리(無理)(하)	無理
C 動	무리하다(無理-)	無理する
C 形	무사하다(無事-)	無事だ
B 形	무섭다[-따]	❶怖い ❷程度がはなはだしい ❸心配だ、不安だ

A	冠	무슨	何、何の、どういう
A	動	무시하다(無視-)	無視する
B	名	무어	何
A	名	무엇[-얻]	何
B	名	무역(貿易)(하)	貿易
B	名	무용(舞踊)(하)	舞踊
C	名	무용가(舞踊家)	舞踊家
C	形	무의미하다(無意味-)	無意味だ
B	名	무조건(無條件)[-껀]	無条件に
C	名	무지개	虹
C	形	무책임하다(無責任-)[-채김-]	無責任だ
B	副	무척	たいへん、非常に、とても
C	動	묵다[-따]	古くなる
C	動	묵다[-따]	泊まる
B	動	묶다[-따]	❶くくる、束ねる ❷縛る
C	動	묶이다[무끼-]	縛られる('묶다'の使役形)

A	名 문(門)	門、戸、扉
C	名 문구(文句)[-꾸]	文句、語句
C	副 문득[-뜩]	(考えなどが突然起こる様子)ふと
C	名 문밖(門-)[-박]	門外
C	名 문법(文法)[-뻡]	文法
C	名 문서(文書)	文書
C	名 문자(文字)[-짜]	文字
B	名 문장(文章)	❶文章 ❷句子
A	名 문제(問題)	問題
C	動 문제되다(問題-)	問題化する、問題になる
B	名 문제점(問題點)	問題点
B	名 문학(文學)	文学
C	名 문학적(文學的)	文学的
B	名 문화(文化)	文化
C	名 문화재(文化財)	文化財
C	名 문화적(文化的)	文化的
C	動 묻다[-따]	埋める、うずめる
A	動 묻다[-따]	尋ねる

B	動 묻다[-따]	つく、くっつく
C	動 묻히다[무치-]	埋もれる
C	動 묻히다[무치-]	(粉・液・などを)つける、まぶす
A	名 물	水
C	名 물가(物價)[-까]	物価
A	名 물건(物件)	物、物品、品物
C	名 물결[-껼]	波、波浪
B	名 물고기[-꼬-]	魚
C	名 물기[-끼]	水気、汁気、水分
B	動 물다	かむ、かみつく
C	動 물러나다	❶退く ❷後退する
A	副 물론(勿論)	もちろん、無論
C	名 물리학(物理學)	物理学
B	名 물속[-쏙]	水の中
A	動 물어보다[무러-]	尋ねてみる
B	名 물음[무름]	問い、質問
C	名 물질(物質)[-찔]	物質
C	名 물질적(物質的)[-찔-]	物質的
C	名 물체(物體)	物体

A	代 뭐	何
A	感 뭐	なんだって、なんだよ
C	名 뭘	なんだって、何を
C	代 뭣[뭔]	何
C	名 미(美)	美
A	名 미국(美國)	米国、アメリカ
C	動 미끄러지다	❶滑る、滑り倒れる ❷落第する
C	形 미끄럽다	滑らかだ、すべすべしている、つるつるしている
C	名 미니(mini)	ミニ ❶小さいこと ❷ミニスカートの縮約形
B	名 미디어(media)	メディア
B	名 미래(未來)	未来
C	動 미루다	❶(期日・仕事を)延ばす ❷推測する
B	副 미리	あらかじめ、前もって
C	名 미만(未滿)	未満

C 名	미사일(missile)	ミサイル
B 名	미소(微笑)(하)	微笑
B 名	미술(美術)	美術
B 名	미술관(美術館)	美術館
C 名	미스(Miss)	ミス
A 形	미안하다(未安−)	すまない
C 名	미역	わかめ
C 名	미용실(美容室)	美容室
C 名	미움	憎み、憎しみ、憎悪
B 動	미워하다	恨む、憎悪する
B 名	미인(美人)	美人
C 副	미처	いまだ、まだ、かつて
B 動	미치다	❶気が狂う ❷熱中する
B 動	미치다	到達する、匹敵する
A 名	미터(meter)	メートル
B 名	미팅(meeting)(하)	ミーティング ❶合コン ❷会議
C 名	미혼(未婚)	未婚
C 名	민간(民間)	民間

C	名	민속(民俗)	民俗
C	名	민족(民族)	民族
C	名	민주(民主)	民主
C	名	민주주의(民主主義)	民主主義
C	名	민주화(民主化)	民主化
B	動	믿다[믿따]	❶信頼する ❷頼る、頼む ❸信仰する
C	動	믿어지다[미더-]	信じられる
B	名	믿음[미듬]	❶信じる心 ❷信心、信仰
B	名	밀가루[-까-]	小麦粉
B	動	밀다	押す
C	動	밀리다	❶(仕事などが)たまる ❷押される
B	名	밀리미터(millimeter)	ミリメートル
C	形	밀접하다(密接-)[-쩌파-]	密接だ
B	形	밉다[-따]	❶醜い ❷見苦しい
B	名	및[믿]	および、並びに、また
A	名	밑[믿]	下、下方、下位
C	名	밑바닥[믿빠-]	底、心の奥、底意

ㅂ

C	名 바	方法、ところ、こと
C	名 바(bar)	バー
C	名 바가지	ひさご
C	名 바구니	かご、ざる
B	名 바깥[-깐]	外、表、外側
C	名 바깥쪽[-깐-]	外側
A	動 바꾸다	❶交換する ❷変更する
B	動 바뀌다	変えられる、変わる
A	名 바나나(banana)	バナナ
B	名 바늘	針
A	名 바다	海、海洋
B	名 바닥	底
B	名 바닷가[-다까/-닫까]	浜、海辺
B	名 바닷물[-단-]	海水、潮
B	動 바라다	❶願う ❷期待する
B	動 바라보다	❶期待する ❷見渡す ❸傍観する

A 名 바람		❶風 ❷浮気
C 名 바람		願い、望み
A 名 바람에[-라메]		～なので、～のために
C 形 바람직하다[-지카-]		望ましい、好ましい
A 副 바로		❶まっすぐに ❷正確に、きちんと ❸すぐ、直ちに
C 動 바로잡다[-따]		❶まっすぐに伸ばす ❷立て直す
B 動 바르다		張る、塗る
B 形 바르다		❶ただしい ❷きちんとしている ❸正直だ
B 名 바보		阿呆、ばかもの
A 形 바쁘다		❶忙しい ❷急だ
C 副 바싹		❶かさかさ ❷ぐっと ❸ぴったり
B 名 바위		❶岩 ❷じゃんけんの石
C 名 바이러스(virus)		ウィルス、ビールス

171

B	名 바이올린(violin)	バイオリン
A	名 바지	ズボン
C	動 바치다	❶ささげる
		❷なげうつ
C	名 바퀴	輪、車輪
C	名 바퀴	回り
C	名 바탕	❶(人の)育ち、毛なみ
		❷本来の性質、体質
		❸(編物などの)地
		❹品質
C	名 박(泊)	伯
C	動 박다[-따]	❶打つ ❷根を張る
A	名 박물관(博物館)[방-]	博物館
B	名 박사(博士)[-싸]	博士
B	名 박수(拍手)(하)[-쑤]	拍手
B	名 박스(box)	箱、ボックス
C	動 박히다[바키-]	差し込まれる
A	名 밖[박]	外、外部
A	名 반(半)	半、半分
A	名 반(班)	班、クラス

A 形	반갑다[-따]	懐かしい、喜ばしい
C 動	반기다	①うれしがる ②懐かしがる ③喜ぶ
B 名	반대(反對)(하)	反対
C 名	반대편(反對便)	反対側
B 動	반대하다(反對-)	反対する
B 副	반드시	必ず、必ずしも
C 名	반말(半-)	敬語ではない語
C 名	반면(反面)	反面
C 名	반발(反撥)(하)	①反発 ②反抗
C 動	반복되다(反復-)	反復する、繰り返される
B 動	반복하다(反復-)[-보카-]	反復する、繰り返す
C 名	반성(反省)(하)	反省
C 動	반성하다(反省-)	反省する
C 動	반영하다(反映-)[바녕-]	反映する
C 名	반응(反應)(하)[바능]	反応
B 名	반장	班長
C 名	반죽(하)	練りこねた物、練り
B 名	반지(斑指)	指輪

C 動	반짝거리다	しきりにきらめく
C 動	반짝이다	きらめく、きらめかす
B 名	반찬(飯饌)	おかず、お菜
B 動	반하다(反-)	～に反する
A 動	받다[-따]	❶もらう ❷受け取る ❸当たる ❹支える
B 動	받아들이다[바다드리-]	❶受け入れる ❷聞き入れる
B 名	받침	❶支え、下敷き ❷ハングルで音節末に来る子音
A 名	발	足
B 名	발가락[-까-]	足の指
C 名	발걸음[-꺼름]	足、足取り、歩み
B 名	발견(發見)(하)	発見
B 動	발견되다(發見-)	発見される
B 動	발견하다(發見-)	発見する
C 名	발길[-낄]	❶歩いたり蹴ったりする時の足 ❷行き来する歩み

C名	발끝[-끋]	爪先
B名	발달(發達)[-딸]	発達
C動	발달되다(發達-)[-딸-]	発達する
B動	발달하다(發達-)[-딸-]	発達する
B名	발등[-뜽]	足の甲
C名	발레(ballet)	バレー
B名	발목	足首
C名	발바닥[-빠-]	足の裏
B名	발생(發生)(하)[-쌩]	発生
B動	발생하다(發生-)[-쌩-]	発生する
A名	발음(發音)(하)[바름]	発音
B動	발음하다(發音-)[바름-]	発音する
C名	발자국[-짜-]	足跡、踏み跡
B名	발전(發展)(하)[-쩐]	発展
C名	발전(發電)(하)[-쩐]	発電
C動	발전되다(發展-)[-쩐-]	発展する
B動	발전하다(發展-)[-쩐-]	発展する
C名	발톱	足の指の爪
B名	발표(發表)(하)	発表
C動	발표되다(發表-)	発表される

ㅂ

B 動	발표하다(發表-)	発表する
C 動	발휘하다(發揮-)	発揮する
B 動	밝다[박따]	明ける
A 形	밝다[박따]	明るい
C 動	밝아지다[발가-]	明るくなる、明けてくる
C 動	밝혀내다[발켜-]	突き止める
C 動	밝혀지다[발켜-]	明らかになる
B 動	밝히다[발키-]	❶明かす ❷はっきりさせる ❸殊に好む
B 動	밟다[밥따]	❶踏む ❷追跡する ❸経験する
B 名	밤	栗
A 名	밤	夜、晩
B 名	밤낮[-낟]	❶昼夜 ❷いつも
B 形	밤늦다[-는따]	夜が遅い
C 名	밤새[-쌔]	夜の間
B 動	밤새다	徹夜する
C 動	밤새우다	徹夜する、夜明かしする

C 名	밤색(-色)	焦(げ)茶色
B 名	밤중(-中)[-쭝]	夜中、夜
C 名	밤하늘	夜空
A 名	밥	ご飯、飯
B 名	밥그릇[-끄른]	食器
B 名	밥맛[밤맏]	❶ご飯の味 ❷食欲
C 名	밥상(-床)[-쌍]	食膳、お膳
B 名	밥솥[-쏟]	飯釜、飯炊き釜
A 名	방(房)	部屋
B 名	방금(方今)	今、たった今、今し方
C 名	방면(方面)	方面
B 名	방문(房門)	ドア
B 名	방문(訪問)(하)	訪問
B 動	방문하다(訪問-)	訪問する
C 名	방바닥(房-)[-빠-]	部屋の床
B 名	방법(方法)	方法、やり方
B 名	방송(放送)(하)	放送
B 名	방송국(放送局)	放送局
C 名	방송사(放送社)	放送社
C 動	방송하다(放送-)	放送する

C 名	방식(方式)	方式
C 名	방안(方案)	方案
C 名	방울	しずく
C 名	방울	すず
C 名	방지(防止)(하)	防止
C 動	방지하다(防止-)	防止する
A 名	방학(放學)(하)	学校の休暇、休み
C 名	방해(妨害)(하)	妨害
C 動	방해하다(妨害-)	妨害する
C 名	방향(方向)	方向、向き
B 名	밭[받]	畑
A 名	배	お腹、腹
A 名	배	船、舟
A 名	배	梨
C 名	배(倍)	倍
B 名	배경(背景)	背景
A 形	배고프다	腹が空く、空腹だ
B 名	배구(排球)	バレーボール
B 名	배꼽	へそ
C 動	배다	しみこむ

B	名 배달(配達)(하)	配達
B	名 배드민턴(badminton)	バドミントン
A	形 배부르다	腹がいっぱいだ
B	名 배우(俳優)	俳優、役者
A	動 배우다	習う、学ぶ
C	名 배우자(配偶者)	つれあい、配偶者
C	名 배추김치	白菜のキムチ
B	名 배추	白菜
C	名 배치(配置)(하)	配置
A	冠 백(百)	百
A	数 백(百)	百
C	名 백두산(白頭山)[-뚜-]	白頭山(ペクトゥさん)
C	名 백색(白色)[-쌕]	白色
C	名 백성(百姓)[-썽]	国民、人民
C	名 백인(白人)[배긴]	白人
C	名 백제(百濟)[-쩨]	百済(くだら)
A	名 백화점(百貨店)[배콰-]	デパート
B	名 뱀	蛇
C	名 뱃사람[밷싸-]	船乗り、船員、かこ
C	動 뱉다[밷따]	吐く

C 動	버려지다	捨てられる
B 名	버릇[-른]	❶癖 ❷習性 ❸行儀
B 補	버리다	〜てしまう
A 動	버리다	❶捨てる
		❷駄目になる
B 名	버섯[-섣]	きのこ、タケ
A 名	버스(bus)	バス
B 名	버터(butter)	バター
B 名	버튼(button)	ボタン
C 動	버티다	❶抵抗する
		❷持ちこたえる
A 名	번(番)	番
C 名	번개	稲光、稲妻
C 形	번거롭다[-따]	煩わしい、騒々しい
B 名	번역(飜譯)(하)[버녁]	翻訳
C 動	번역하다(飜譯-)[버녀카-]	
		翻訳する
C 名	번지(番地)	番地
B 名	번째(番-)	番目
A 名	번호(番號)	番号

C	名 벌	蜂
C	名 벌	❶衣服や器物などのそろい ❷〜着
C	名 벌(罰)(하)	罰
C	名 벌금(罰金)	罰金
B	動 벌다	稼ぐ
C	副 벌떡	(いきなり立ち上がる様)ばっと、ぱっと
B	名 벌레	昆虫、虫
B	動 벌리다	あける、広げる
A	副 벌써	もう、すでに
B	動 벌어지다[버러-]	❶すき間ができる、開ける ❷(仲が)疎くなる
C	動 벌어지다[버러-]	(ことが)繰り広げられる、起きる
B	動 벌이다[버리-]	❶(仕事を計画して)始める ❷(宴会などを)開く ❸陳列する ❹展開する

ㅂ

C 名 범위(範圍)[버 위]	範囲
C 名 범인(犯人)[버 민]	犯人
C 名 범죄(犯罪)	犯罪
B 名 법(法)	法 ❶法律 ❷作法、道理 ❸方法、方式
C 名 법률(法律)[범뉼]	法律
C 名 법원[버붬]	裁判所
C 名 법적(法的)[-쩍]	法的
C 名 법칙(法則)	法則
B 動 벗기다[벋끼-]	❶脱がせる ❷むく ❸めくる ❹はがす
A 動 벗다[벋따]	❶脱ぐ ❷取る
B 名 베개	枕
C 動 베다	❶切る、刈る ❷傷付ける
B 名 베이징(北京)	北京(ぺきん)
C 名 벤치(bench)	ベンチ
B 名 벨트(belt)	ベルト
C 名 벼	稲
B 名 벽(壁)	壁

C 名	변경(變更)(하)	変更、変改
C 名	변동(變動)(하)	変動
C 名	변명(辨明)(하)	弁明、弁解、言い訳
C 名	변신(變身)(하)	変身
B 動	변하다(變-)	変わる
B 名	변호사(辯護士)	弁護士
B 名	변화(變化)(하)	変化
C 動	변화되다(變化-)	変化する
B 動	변화하다(變化-)	変化する
A 名	별	星
B 冠	별(別)	特別な、別、これといった
C 形	별다르다(別-)	変わっている、特別だ
C 名	별도(別途)[-또]	別途
B 副	별로(別-)	別に、さほど
C 名	별명(別名)	あだ名、ニックネーム
C 名	별일(別-)[-릴]	別事、変わった事
A 名	병(瓶)	瓶
A 名	병(病)	病、病気、やまい
B 動	병들다(病-)	病気になる

C 名	병실(病室)	病室
C 名	병아리	ひよこ、鶏のひな
A 名	병원(病院)	病院
B 名	보고(報告)(하)	報告
B 名	보고서(報告書)	報告書
C 動	보고하다(報告−)	報告する
C 名	보관(保管)(하)	保管
B 動	보관하다(保管−)	保管する
A 動	보내다	❶送る ❷出す
C 動	보내오다	送ってくる
C 名	보너스(bonus)	ボーナス
A 副	보다	～より(も)
A 補	보다	(～して)みる
A 動	보다	見る
C 名	보도(報道)(하)	報道
C 動	보도되다(報道−)	報道される
C 動	보도하다(報道−)	報道する
C 名	보라색(−色)	紫色
B 名	보람	しるし、甲斐、効果
C 名	보름	❶15日間

	❷陰暦の15日('보름날'の縮約形)
C 名 보리	麦
C 動 보살피다	面倒をみる、世話をする
C 名 보상(補償)(하)	補償
C 名 보수(保守)(하)	保守
C 名 보수(補修)(하)	補修、手入れ
C 名 보수적(保守的)	保守的
C 名 보안(保安)(하)	保安
C 動 보완하다(補完−)	補完する
B 動 보이다	見せる
B 動 보이다	見える
C 名 보자기(褓−)	風呂敷
C 名 보장(保障)(하)	保障
C 動 보장되다(保障−)	保障される
C 動 보장하다(保障−)	保障する
C 名 보전(保全)(하)	保全
C 名 보조(補助)(하)	補助
C 名 보존(保存)(하)	保存

C 動 보존하다(保存-)	保存する
C 動 보충하다(補充-)	補充する
B 名 보통(普通)	普通、並
C 名 보편적	普遍的
B 名 보험(保險)	保険
B 名 보호(保護)(하)	保護
C 動 보호되다(保護-)	保護される
C 動 보호하다(保護-)	保護する
C 名 복(福)	福、幸い、恵み
B 名 복도(複道)[-또]	廊下
B 名 복사(複寫)(하)[-싸]	複写、コピー
C 名 복사기(複寫機)[-싸-]	コピー機
B 動 복사하다(複寫-)[-싸-]	複写する、コピーする
C 名 복숭아[-쏭-]	桃
B 名 복습(復習)(하)[-씁]	復習、おさらい
B 動 복습하다(復習-)[-쓰파-]	復習する
A 形 복잡하다(複雜-)[-짜파-]	複雑だ
B 動 볶다[복따]	❶炒める ❷ねだる
C 名 볶음[보끔]	炒め物
B 名 볶음밥[보끔-]	チャーハン

C	冠 본(本)	本
C	名 본격적(本格的)[-껵쩍]	本格的
B	名 본래(本來)[볼-]	本来、元来、もともと
C	名 본부(本部)	本部
C	名 본사(本社)	本社
C	名 본성(本性)	本性、天性、生まれつき
C	名 본인(本人)[보닌]	本人、当人、わたし
C	名 본질(本質)	本質
C	名 볼	頬
C	名 볼링(bowling)	ボーリング
B	名 볼일[-릴]	用事、用件、用
A	名 볼펜(ball pen)	ボールペン
A	名 봄	春
C	名 봉사(奉仕)(하)	奉仕、ボランティア
C	動 봉사하다(奉仕-)	奉仕する
B	名 봉지(封紙)	袋、紙袋
B	名 봉투(封套)	封筒
B	動 뵈다	見える('보이다'の縮約形)

B 動 뵈다	お目にかかる、伺う
B 動 뵙다[-따]	お目にかかる、伺う（'뵈다'の尊敬語）
C 名 부(父)	父
B 名 부(部)	部
C 名 부(富)	富
B 名 부근(附近)	附近、付近、近所
B 名 부끄러움	恥
B 形 부끄럽다[-따]	❶恥ずかしい ❷面目なく思う
C 名 부담(負擔)(하)	負担
C 動 부담하다(負擔-)	負担する
C 名 부대(部隊)	部隊
B 名 부동산(不動産)	不動産
B 形 부드럽다[-따]	❶やわらかい ❷温厚だ
B 動 부딪치다[-딛-]	❶突き当たる ❷直面する
C 動 부딪히다[-디치-]	ぶつけられる
B 動 부러워하다	うらやましがる

C 動 부러지다	折れる	
B 形 부럽다[-따]	うらやましい	
B 動 부르다	❶膨れている	
	❷満腹だ	
A 動 부르다	呼ぶ	
A 名 부모(父母)	父母、親、両親	
A 名 부모님(父母-)	'부모'の尊敬語	
C 名 부문(部門)	部門	
A 名 부부(夫婦)	夫妻	
B 名 부분(部分)	部分	
C 名 부분적(部分的)	部分的	
A 名 부산(釜山)	釜山(プサン)	
C 名 부상(負傷)(하)	負傷、けが	
C 名 부서(部署)	部署、持ち場	
C 動 부서지다	❶壊れる ❷崩れる	
A 名 부엌[-억]	台所、キッチン、厨房	
C 名 부위(部位)	部位	
A 名 부인(夫人)	夫人、奥様、奥さん	
C 名 부인(婦人)	婦人	
B 名 부자(富者)	お金持ち	

B	名 부작용(副作用)[-자용]	副作用
B	名 부잣집(富者-)[-잗찝]	お金持ちの家
B	名 부장(部長)	部長
C	名 부재(不在)(하)	不在、留守
C	名 부정(不正)(하)	不正
C	名 부정적(否定的)	否定的
C	動 부정하다(否定-)	否定する
B	名 부족(部族)	部族
B	名 부족(不足)(하)	不足
B	形 부족하다(不足-)[-조카-]	不足している
B	形 부지런하다	勤勉だ
C	副 부지런히	勤勉に、せっせと
C	名 부채	扇、うちわ、扇子
B	名 부처	仏、仏像
B	動 부치다	❶送る、届ける ❷付する ❸力にあまる
C	名 부친(父親)	父親
B	名 부탁(付託)(하)	付託、頼み、依頼
B	動 부탁하다(付託-)[-타카-]	頼む、依頼する
C	名 부품(部品)	部品

C 名	부피	体積、容積
C 名	부회장(副會長)	副会長
B 名	북(北)	北
C 名	북부(北部)[-뿌]	北部
A 名	북쪽(北-)	北、北方
B 名	북한(北韓)[부칸]	北朝鮮
A 名	분	方
A 名	분(分)	分
C 名	분노(憤怒)(하)	怒り、憤怒
C 名	분량(分量)[불-]	分量、量
C 名	분리(分離)(하)[불-]	分離
C 動	분리되다(分離-)[불-]	分離される
C 動	분리하다(分離-)[불-]	分離する
B 副	분명(分明)(하)	明らか、確か
C 形	분명하다(分明-)	はっきりしている、明らかだ
C 動	분명해지다(分明-)	明らかになる
B 副	분명히(分明-)	明らかに、確かに
C 名	분석(分析)(하)	分析
B 動	분석하다(分析-)[-서카-]	分析する

C	名	분야(分野)[부냐]	分野、領域
B	名	분위기(雰圍氣)[부뉘-]	雰囲気
C	形	분주하다(奔走-)	忙しい
C	動	분포하다(分布-)	分布する
C	名	분필(粉筆)	チョーク、白墨
C	名	분홍색(粉紅色)	桃色、ピンク色
A	名	불	❶炎 ❷灯、光 ❸火事
B	形	불가능하다(不可能-)	不可能だ
C	形	불가피하다(不可避-)	不可避だ、避けられない
A	名	불고기	焼き肉
C	副	불과(不過)(하)	わずか、ほんの
C	形	불과하다(不過-)	〜に過ぎない
B	名	불교(佛敎)	仏教
C	動	불구하다(不拘-, 不管-)	〜にもかかわらず
B	名	불꽃[-꼳]	火花、炎
A	動	불다	吹く
C	動	불러일으키다[-이르-]	❶呼び起こす ❷引き起こす
B	動	불리다	❶呼ばれる

		❷歌わせる
C 動	불리다	ふやかす、殖やす
C 形	불리하다(不利-)	不利だ
B 名	불만(不滿)(하)	不満、不満足
C 名	불법(不法)(하)[-뻡]	不法
C 名	불법(佛法)[-뻡]	仏法、仏の教え
B 名	불빛[-삗]	火の光、灯の光
B 形	불쌍하다	かわいそうだ
B 名	불안(不安)(하)[부란]	不安
B 形	불안하다(不安-)[부란-]	不安だ
C 動	불어오다[부러-]	吹いてくる
C 形	불완전하다(不完全-)	不完全だ
C 名	불이익(不利益)[부리-]	不利益
C 名	불편(不便)(하)	❶不便
		❷体が不自由なこと
B 形	불편하다(不便-)	❶不便だ ❷窮屈だ
C 名	불평(不平)(하)	不平
C 形	불평등하다(不平等-)	不平等だ
C 形	불필요하다(不必要-)[-피료]	
		不必要だ

C 名	불행(不幸)(하)	不幸、ふしあわせ
B 形	불행하다(不幸-)	不幸だ
C 形	불확실하다(不確實-)	不確実だ
B 形	붉다[북따]	赤い
C 動	붐비다	❶込み合う、混雑する ❷入り交じる
B 動	붓다[붇따]	注ぐ、つぐ
C 動	붓다[붇따]	腫れる、むくむ
B 動	붙다[붇따]	❶つく ❷合格する ❸付設されている ❹掛け合う
C 動	붙들다[붇뜰-]	❶つかむ ❷手にする ❸支える
B 動	붙이다[부치-]	❶付ける、貼る ❷寄せる ❸掛け合わせる
C 動	붙잡다[붇짭따]	❶つかむ、握る ❷手をつける ❸捕らえる
C 動	붙잡히다[붇짜피-]	捕まる
C 名	브랜드(brand)	ブランド、商標

B	名블라우스(blouse)	ブラウス
A	名비	雨
C	名비(碑)	碑
B	名비교(比較)(하)	比較
B	名비교적(比較的)	比較的、割合に
B	動비교하다(比較)	比較する
C	名비극(悲劇)	悲劇
C	動비기다	❶引き分けになる ❷比べる ❸たとえる
C	名비난(非難)(하)	非難
A	名비누	石鹸、ソープ
B	名비닐(vinyl)	ビニール
B	名비닐봉지(vinyl封紙)	ビニール袋
C	動비다	空く
C	名비둘기	鳩
A	名비디오(video)	ビデオ
C	副비로소	初めて、ようやく
C	動비롯되다[-롣-]	はじまる、由来する
C	動비롯하다[-로타-]	〜をはじめとする
C	名비만(肥滿)(하)	肥満

C 名 비명(悲鳴)	悲鳴
B 名 비밀(秘密)	秘密、内緒
C 名 비바람	風雨
C 動 비비다	❶こする ❷もむ
A 名 비빔밥[-빱]	ビビンパ
C 名 비상(非常)	非常
B 名 비서(秘書)	秘書
A 形 비슷하다[-스타-]	似ている
A 形 비싸다	高い
B 名 비용(費用)	費用、入費
C 動 비우다	❶空にする ❷留守にする
C 動 비웃다[-욷따]	あざ笑う
C 名 비율(比率)	比率、割合
C 名 비중(比重)	比重
C 動 비추다	❶照らす ❷照らし合わせる ❸映す ❹ほのめかす
C 動 비치다	❶照る、射す ❷映る ❸気配が見える

B 動	비키다	❶退く ❷移す ❸よける
B 名	비타민(vitamin)	ビタミン
C 名	비판(批判)(하)	批判
C 名	비판적(批判的)	批判的
B 動	비판하다(批判-)	批判する
C 動	비하다(比-)	～に比べる
C 名	비행(非行)	非行
C 名	비행(飛行)(하)	飛行
A 名	비행기(飛行機)	飛行機
C 名	비행장(飛行場)	飛行場
B 動	빌다	❶祈る、願う ❷謝る ❸物乞いをする
B 名	빌딩(building)	ビル
B 動	빌리다	借りる
B 名	빗[빋]	くし
B 名	빗물[빈-]	雨水
C 名	빗방울[비빵-/빋빵-]	雨粒、雨垂れ
C 名	빗줄기[비쭐-/빋쭐-]	降り注ぐ雨、雨脚
C 名	빚[빋]	借り、借金

B 名 빛[빈]	①光 ②つや ③色 ④気配
C 名 빛깔[빈-]	色彩、色、いろどり
C 動 빛나다[빈-]	①輝く ②光る
C 動 빠뜨리다	①見落とす ②忘れる
A 形 빠르다	速い、早い
C 動 빠져나가다	①抜け出る ②抜ける
C 動 빠져나오다	抜け出る
B 動 빠지다	①落ち込む ②溺れる
B 動 빠지다	①抜ける ②やせる
A 名 빨간색(-色)	赤色
B 形 빨갛다[-가타]	赤い
C 動 빨다	①吸う ②しゃぶる
B 動 빨다	洗う、洗濯する
B 名 빨래	①洗濯すること ②洗濯物
A 副 빨리	速く、早く
A 名 빵	パン
C 動 빼놓다[-노타]	①除いておく、選び出す ②除く、省く

B 動 빼다	抜く、除く
C 動 빼앗기다 [-앋끼-]	奪われる
C 動 빼앗다 [-앋따]	❶奪う、乗っ取る ❷捕らえる
C 動 뺏다 [-뺃따]	('빼앗다'の縮約形) ❶奪う ❷捕らえる
B 名 뺨	頬
C 補 뻔하다	～するところだった
C 動 뻔하다	ほんのり明るい、分かりきっている
B 動 뻗다 [-따]	❶伸ばす ❷死ぬ
B 名 뼈	❶骨 ❷核心 ❸気力
B 動 뽑다 [-따]	❶抜く ❷選ぶ
C 動 뽑히다 [뽀피-]	('뽑다'の受動形) 抜ける、選ばれる
B 名 뿌리	❶根 ❷根本 ❸ねもと
B 動 뿌리다	❶ぱらつく ❷振りまく
C 動 뿌리치다	❶振り切る ❷拒む
B 名 뿐	だけ

ㅅ

A	數 **사**(四)	四
C	名 **사건**(事件)	事件
B	名 **사계절**(四季節)	四季
B	名 **사고**(事故)	事故
C	名 **사고**(思考)(하)	思考
A	名 **사과**(沙果)	りんご
C	名 **사과**(謝過)(하)	謝罪、おわび
B	動 **사과하다**(謝過-)	謝罪する
C	動 **사귀다**	付き合う、交際する
C	名 **사기**(士氣)	士気、意気
C	名 **사나이**	男
C	名 **사냥**(하)	狩り、狩猟
A	動 **사다**	❶買う ❷雇う
C	動 **사들이다**[-드리-]	仕入れる、買い入れる
B	動 **사라지다**	❶消える、なくなる ❷(考え)薄れてなくなる
A	名 **사람**	人、人間

A 名	사랑(하)	愛、愛情
B 形	사랑스럽다[-따]	かわいらしい
A 動	사랑하다	愛する
C 名	사례(謝禮)(하)	謝礼、お礼
C 名	사립(私立)	私立
C 名	사망(死亡)(하)	死亡
C 動	사망하다(死亡-)	死亡する
B 名	사모님(師母-)	奥様
B 名	사무(社務)	社務
C 名	사무소(事務所)	事務所
A 名	사무실(事務室)	事務室
C 名	사무직(事務職)	事務職
B 名	사물(事物)	事物
C 名	사방(四方)	四方
C 名	사상(思想)	思想
C 名	사생활(私生活)	私生活
C 名	사설(社說)	社説
C 形	사소하다(些少-)	❶わずかだ ❷つまらない ❸細かい
C 名	사슴	鹿

B 名	사실(事實)	事実
B 名	사실(史實)	史実
C 名	사실상(事實上)[-쌍]	事実上
A 数	사십(四十)	四十
B 名	사업(事業)(하)	事業
C 名	사업가(事業家)[-까]	事業家
C 名	사업자(事業者)[-짜]	事業者
B 名	사용(使用)(하)	使用
B 動	사용되다(使用-)	使用される
B 名	사용자(使用者)	使用者
A 動	사용하다(使用-)	使用する
B 名	사원(社員)	社員
A 名	사월(四月)	四月
B 名	사위	婿、女婿
A 名	사이	隔たり、間隔、あいだ
C 名	사이사이	あいだあいだ、すきますきま
B 形	사이좋다[-조타]	親しい、仲が良い
B 名	사자(獅子)	獅子、ライオン
A 名	사장(社長)	社長

C 名 사전(事前)	事前
A 名 사전(辭典)	辞典、辞書
C 名 사정(事情)(하)	❶事情、わけ ❷都合 ❸頼む、事情を訴える
A 名 사진(寫眞)	写真
B 名 사진기(寫眞機)	カメラ
B 名 사촌(四寸)	いとこ
C 名 사춘기(思春期)	思春期
A 名 사탕(沙糖)	砂糖、キャンディー
C 名 사투리	なまり、方言
C 名 사표	辞表
B 名 사회(社會)	社会
C 名 사회생활(社會生活)	社会生活
C 名 사회자(司會者)	司会者
B 名 사회적(社會的)	社会的
C 名 사회주의(社會主義)	社会主義
C 名 사회학(社會學)	社会学
B 名 사흘	三日
A 名 산(山)	山、山岳
C 名 산길(山-)[-낄]	山道、山路

C 名	산부인과(産婦人科)[-꽈]	産婦人科
B 名	산소(酸素)	酸素
B 名	산속(山-)[-쏙]	山の中、山中
C 名	산업(産業)[사넙]	産業
A 名	산책(散策)(하)	散歩
B 名	살	❶肉、筋肉、身 ❷肌
A 名	살	歳、才
A 動	살다	❶住む ❷暮らす
B 動	살리다	❶生かす ❷助ける ❸扶養する ❹活用する
C 名	살림(하)	生活、暮らし
C 動	살아가다[사라-]	❶生きていく ❷暮らしていく
C 動	살아나다[사라-]	❶助かる、生き返る ❷切り抜ける ❸よみがえる
C 動	살아남다[사라-]	生き残る
C 動	살아오다[사라-]	❶生還する ❷暮らしてくる
C 名	살인(殺人)(하)[사린]	殺人

B 副 **살짝**	❶素早く ❷そっと ❸うっすら、ほんのり
B 動 **살펴보다**	注意して調べてみる、探る
C 動 **살피다**	調べる、探る、見きわめる
C 名 **삶**[삼]	❶人生、生、生きること ❷生活 ❸命
B 動 **삶다**[삼따]	❶ゆでる ❷田畑をかきならして柔らかくする
A 数 **삼**(三)	三
C 動 **삼가다**	❶慎む ❷遠慮する ❸控える
C 名 **삼계탕**(蔘鷄湯)	サムゲタン
C 名 **삼국**(三國)	三国
C 動 **삼다**[-따]	～にする
A 数 **삼십**(三十)	三十
A 名 **삼월**(三月)[사월]	三月
B 名 **삼촌**(三寸)	叔父、伯父

C 動	삼키다	❶飲み込む
		❷こらえる
C 名	상(上)	上、上部
C 名	상(床)	食膳・机などの総称
C 名	상(相)	容貌
B 名	상(賞)	賞、褒美
C 名	상관(相關)(하)	相関
C 形	상관없다(相關-)[-과넙따]	関係ない、構わない
C 副	상관없이(相關-)[-과넙시]	関係なく、構わず
C 名	상금(賞金)	賞金
C 名	상담(商談)	商談
C 名	상당(相當)(하)	相当、かなり
C 名	상당수(相當數)	かなり多い数
C 形	상당하다(相當-)	相当だ
C 副	상당히(相當-)	相当に、かなり
B 名	상대(相對)(하)	相手、相手方、敵手
B 名	상대방(相對方)	向こう側、先方
A 名	상대성(相對性)[-썽]	相対性

C 名	상대적(相對的)	相対的
C 名	상대편(相對便)	相手方、先方
C 名	상류(上流)[-뉴]	上流
C 名	상반기(上半期)	上半期
B 名	상상(想像)(하)	想像
C 名	상상력(想像力)[-녁]	想像力
B 動	상상하다(想像-)	想像する
C 名	상식(常識)	常識
C 名	상업(商業)(하)	商業
C 名	상인(商人)	商人
B 名	상자(箱子)	箱、ケース
C 名	상점(商店)	商店、店
C 名	상징적(象徵的)	象徴的
C 動	상징하다(象徵-)	象徴する
B 名	상처(傷處)	傷、傷口
B 名	상추	サンチュ(植物)
C 形	상쾌하다(爽快-)	爽快だ、さわやかだ
C 名	상태(狀態)	状態
C 名	상표(商標)	商標、トレードマーク
B 名	상품(商品)	商品、品

B 動	상하다(傷-)	❶傷む ❷腐る ❸害する
C 名	상황(狀況)	状況
A 冠	새	新、新しい
A 名	새	鳥
C 名	새	('사이'の縮約形) ❶間 ❷すき間
C 動	새기다	刻む、刻みつける
B 名	새끼	ひな、動物の子
C 動	새다	漏れる
B 副	새로	❶新たに ❷再び、改めて
C 副	새로이	新しく
C 形	새롭다	❶新しい ❷初めてだ ❸非常に貴重だ
B 名	새벽	暁、夜明け
B 名	새소리	鳥の鳴き声
B 名	새우	エビ
C 動	새우다	徹夜する
B 名	새해	新年

A 名 색(色)	色
A 名 색깔(色-)	色、色彩
C 形 색다르다(色-)	変わっている、風変わりだ、目新しい
C 名 색연필(色鉛筆)[생년-]	色鉛筆
A 名 샌드위치(sandwich)	サンドイッチ
C 名 생(生)	生
A 名 생각(하)	❶考え、思い ❷思慮 ❸心、気持
B 動 생각나다[-강-]	考えつく、思い出す
B 動 생각되다	考えられる
A 動 생각하다[-가카-]	考える、思う
B 動 생겨나다	❶生ずる ❷成立する ❸発生する
C 名 생기(生氣)	生気、活気
A 動 생기다	❶できる、生じる ❷手に入る ❸起こる
C 名 생명(生命)	生命、命
C 名 생물(生物)	生物
C 名 생방송(生放送)	生放送

C 名 생산(生産)(하)	生産
C 動 생산되다(生産-)	生産される
C 名 생산력(生産力)[-녁]	生産力
C 名 생산자(生産者)	生産者
C 動 생산하다(生産-)	生産する
A 名 생선(生鮮)	生魚、鮮魚
B 名 생신(生辰)	お誕生日
A 名 생일(生日)	誕生日
A 名 생활(生活)(하)	生活
C 名 생활비(生活費)	生活費
C 名 생활수준(生活水準)	生活水準
C 名 생활용품(生活用品)	生活用品
B 動 생활하다(生活-)	生活する
B 名 생활환경(生活環境)	生活環境
A 名 샤워(shower)(하)	シャワー
C 名 서구(西歐)	西欧
B 冠 서너	三つか四つ、3〜4
C 形 서늘하다	❶涼しい ❷冷え冷えとしている
A 動 서다	立つ、建つ

B 動	서두르다	急ぐ、あせる、慌てる
B 名	서랍	引き出し
B 名	서로	互い、両方
A 副	서로	共に、互いに
B 名	서류(書類)	書類、文書
A 数	서른	三十
C 名	서명(署名)(하)	署名、サイン
C 動	서명하다(署名-)	署名する
C 名	서민(庶民)	庶民
C 名	서부(西部)	西部、西の方
B 名	서비스(service)(하)	サービス
C 副	서서히(徐徐-)	徐々に、ゆっくり
B 名	서양(西洋)	西洋
C 名	서양인(西洋人)	西洋人、洋人
A 名	서울	ソウル
A 名	서울역(-驛)[-력]	ソウル駅
C 名	서적(書籍)	書籍、書物、本
A 名	서점(書店)	書店、本屋
A 名	서쪽(西-)	西方、西、西側
C 名	서클(circle)	サークル

B 形 서투르다		下手だ、不器用だ
C 形 서툴다		('서투르다'の縮約形) 下手だ、不器用だ
C 名 석		席
C 冠 석		三つ、3
C 名 석사[-싸]		修士
B 名 석유(石油)[서규]		石油
B 動 섞다[석따]		混ぜる、交える
B 動 섞이다[서끼-]		混ざる、混じる
C 名 선(線)		線、筋
C 名 선거(選舉)(하)		選挙
C 形 선명하다(鮮明-)		鮮明だ、鮮やかだ
A 名 선물(膳物)(하)		贈り物、プレゼント
A 動 선물하다(膳物-)		贈り物をする、プレゼントする
B 名 선배		先輩
A 名 선생(先生)		先生、老師
A 名 선생님(先生-)		先生
B 名 선수(選手)		選手
C 動 선언하다(宣言)[서년-]		宣言する

C 名	선원(船員)[서눤]	船員、船乗り
C 名	선장(船長)	船長
C 名	선전(宣傳)(하)	宣伝
C 動	선정하다(選定)	選定する
C 名	선진(先進)	先進
C 名	선진국(先進國)	先進国
B 名	선택(選擇)(하)	選択
B 動	선택하다(選擇)[-태카-]	選択する
B 名	선풍기(扇風機)	扇風機
C 動	선호하다(選好-)	選り好みする
B 名	설거지(하)	皿洗い
B 名	설날[-랄]	元旦、元日
C 動	설득하다(說得-)[-뜨카-]	説得する
B 名	설렁탕(-湯)	ソルロンタン
C 動	설립하다(設立-)[-리파-]	設立する
A 名	설명(說明)(하)	説明
C 動	설명되다(說明-)	説明される
A 動	설명하다(說明-)	説明する
C 名	설문(設問)(하)	設問
A 副	설사(設使)[-싸]	たとえ、仮に

A 名	설악산(雪嶽山)[서락-]	雪嶽山(ソラクさん)
C 名	설치(設置)(하)	設置
C 動	설치되다(設置-)	設置される
C 動	설치하다(設置-)	設置する
A 名	설탕(雪糖)	砂糖
B 名	섬	島
C 形	섭섭하다[-써파-]	❶名残惜しい
		❷残念だ
B 名	섭씨(攝氏)	摂氏
C 名	성(城)	城、城郭
B 名	성(姓)	姓、名字
C 名	성(性)	性
B 名	성격(性格)[-격]	性格、性質
C 名	성경(聖經)	聖書、バイブル
B 名	성공(成功)(하)	成功
C 名	성공적(成功的)	成功的
B 動	성공하다(成功-)	成功する
C 名	성당(聖堂)	聖堂
C 動	성립되다(成立-)[-닙-]	成立される
C 動	성립하다(成立-)[-니파-]	成立する

C 名	성명(聲明)	声明
B 名	성별(性別)	性別
C 動	성숙하다(成熟-)[-수카-]	成熟する
C 形	성실하다(誠實-)	誠実だ
B 名	성인(成人)	成人、大人
C 名	성장(成長)(하)	成長
C 動	성장하다(成長-)	成長する
B 名	성적(成績)	成績
C 名	성적(性的)[-쩍]	性的
C 名	성질(性質)	性質
B 名	성함(姓銜)	お名前
A 冠	세	三つ
C 名	세(世)	世
A 名	세(歲)	歳、才
B 名	세계(世界)	世界
C 名	세계관(世界觀)	世界観
B 名	세계적(世界的)	世界的
B 名	세금(稅金)	税金
B 名	세기(世紀)	世紀
B 形	세다	❶強い ❷かたい、荒

	れている
C 動 세다	数える
C 名 세대(世代)	世代
C 形 세련되다(洗練-)	洗練された、垢抜けた
B 名 세로	縦
C 名 세미나(seminar)	ゼミナール、セミナー
B 名 세상(世上)	❶世の中、世間、世 ❷一生、生涯
C 感 세상에(世上-)	なんと、まあ
A 名 세수(洗手)(하)	洗面
B 動 세우다	❶立てる、建てる ❷とめる ❸起こす
B 動 세워지다	❶立てられる、建てられる ❷とめられる
C 名 세월(歳月)	❶歳月 ❷時世、世の中
C 名 세제(洗剤)	洗剤
C 名 세종대왕(世宗大王)	世宗大王(セジョン大王)
B 名 세탁(洗濯)(하)	洗濯

A 名 세탁기(洗濯機)[-끼]	洗濯機
B 名 세탁소(洗濯所)[-쏘]	洗濯屋
C 名 세트(set)	セット
C 形 섹시하다(sexy-)	セクシーだ
B 名 센터(center)	中心、センター
A 名 센티미터(centimeter)	センチメートル
C 名 셈	計算、算数
A 数 셋[셋]	三つ
A 数冠 셋째[섿-]	三番、三番目
B 名 소	牛
B 名 소개(紹介)(하)	紹介
B 動 소개되다(紹介-)	紹介される
A 動 소개하다(紹介-)	紹介する
C 名 소규모(小規模)	小規模
C 名 소극적(消極的)[-쩍]	消極的
A 名 소금	塩、食塩
B 名 소나기	夕立ち、にわか雨
B 名 소나무	松
B 名 소녀(少女)	少女、乙女
B 名 소년(少年)	少年

C 名	소득(所得)	所得
B 名	소리	❶音 ❷声 ❸意見 ❹話
B 動	소리치다	大声を張り上げる
C 名	소망(所望)(하)	願い、願望、望み
C 名	소매	袖
B 名	소문(所聞)	うわさ、世評、評判
B 動	소문나다(所聞-)	うわさが立つ
C 形	소박하다(素朴-)[-바카-]	素朴だ
C 名	소비(消費)(하)	消費
B 名	소비자(消費者)	消費者
C 動	소비하다(消費-)	消費する
B 名	소설(小説)	小説
B 名	소설가(小説家)	小説家
C 名	소속(所属)(하)	所属
C 名	소수(少数)	少数
B 名	소스(sauce)	ソース
B 名	소시지(sausage)	ソーセージ
B 名	소식(消息)	❶たより、沙汰 ❷動静、状況
C 名	소아과(小児科)[-꽈]	小児科

C 動	소요되다(所要-)	必要とする
C 名	소용(所用)	所用、必要
B 形	소용없다(所用-)[-업따]	役に立たない、無駄だ
C 名	소원(所願)(하)	願い、念願
C 名	소위(所謂)	いわゆる
C 名	소유(所有)(하)	所有
C 名	소유자(所有者)	所有者
C 動	소유하다(所有-)	所有する
C 名	소음(騷音)	騒音
C 名	소재(素材)	素材
B 名	소주(燒酒)	焼酎
C 形	소중하다(所重-)	きわめて大切だ、貴重だ、大事だ
C 副	소중히(所重-)	大切に、大事に
C 名	소지품(所持品)	所持品
C 名	소질(素質)	素質
A 名	소파(sofa)	ソファー
B 名	소포(小包)	小包
A 名	소풍(逍風)	ピクニック、遠足
C 名	소프트웨어(software)	ソフトウェア

C 名	소형(小型)	小型
C 副	소홀히(疏忽-)	おろそかに、なおざりに、いいかげんに
C 名	소화(消化)(하)	消化
C 動	소화하다(消化-)	消化する
A 名	속	❶中、内 ❷中身、実 ❸内容
C 名	속담(俗談)[-땀]	ことわざ
B 名	속도(速度)[-또]	速度
C 名	속마음[송-]	内心、本心、下心
C 動	속삭이다[-싸기-]	ささやく
C 形	속상하다(-傷-)[-쌍-]	しゃくに障る、腹が立つ
B 名	속옷[소곧]	下着
C 動	속이다[소기-]	だます、ごまかす
B 動	속하다(屬-)[소카-]	属する
A 名	손	❶手 ❷人手 ❸力量 ❹手段
A 名	손가락[-까-]	指
C 名	손길[-낄]	(差し伸べた)手

B 名	손녀(孫女)	孫娘
A 名	손님	お客さん、お客様
C 名	손등[-뜽]	手の甲
B 名	손목	手首
B 名	손바닥[-빠-]	手のひら
B 名	손발	手足
B 名	손뼉	手のひら、手の裏
C 副	손수	手ずから
B 名	손수건(-手巾)[-쑤-]	ハンカチ
C 形	손쉽다[-따]	たやすい、容易だ、簡単だ
C 名	손실(損失)(하)	損失
B 名	손자(孫子)	孫
C 動	손잡다[-따]	❶握手する ❷力を合わせる
B 名	손잡이[-자비]	取っ手、つまみ
C 名	손질(하)	❶手入れ ❷手で殴ること
C 動	손질하다	手入れをする
B 名	손톱	爪

C 名	손해(損害)	損害
B 形	솔직하다(率直-)[-찌카-]	率直だ
B 副	솔직히(率直-)[-찌키]	率直に
C 名	솜	綿、木綿
C 名	솜씨	手並み、手際、腕前
C 動	솟다[솓따]	❶わく ❷噴きあがる ❸昇る ❹そびえる ❺吹き出る
B 名	송아지	子牛
B 名	송이	❶房、輪 ❷松茸
B 名	송편(松-)	ソンピョン(うるち餅)
C 名	쇠	鉄、真金
A 名	쇠고기	牛肉
B 名	쇼(show)	ショー
B 名	쇼핑(shopping)(하)	買い物、ショッピング
A 名	수	雄
C 名	수(手)	❶手、技 ❷手段、方法
C 名	수(數)	数
A 名	수건(手巾)	タオル

C 名	수고(하)	苦労、手間、めんどう
B 動	수고하다	苦労する
B 名	수년(數年)	数年
C 名	수단(手段)	手段、方法
C 名	수도(首都)	首都
C 名	수도권(首都圏)[-꿘]	首都圏
C 名	수도꼭지(水道-)[-찌]	蛇口
B 名	수돗물(水道-)[-돈-]	水道の水
C 名	수동적(受動的)	受動的
C 動	수리하다(修理-)	修理する
C 冠	수만(數萬)	数万
B 形	수많다(數-)[-만타]	数多い
C 名	수면	睡眠
C 名	수명(壽命)	寿命
A 名	수박	すいか
C 冠	수백(數百)	数百
B 名	수상(首相)	首相
C 名	수석(首席)	首席
B 名	수술(手術)(하)	手術
C 副	수시로(隨時-)	随時に

C 冠	**수십**(數十)	数十
C 名	**수업**(修業)	修業
A 名	**수업**(授業)(하)	授業
C 副	**수없이**(數-)[-업시]	数え切れないほど、限りなく
B 名	**수염**(鬚髯)	ひげ
A 名	**수영**(水泳)(하)	水泳、泳ぎ
A 名	**수영장**(水泳場)	水泳場、プール
C 名	**수요**(需要)	需要
A 名	**수요일**(水曜日)	水曜日
B 名	**수입**(收入)(하)	収入
B 名	**수입**(輸入)(하)	輸入
C 動	**수입되다**(輸入-)	輸入される
C 名	**수입품**(輸入品)	輸入品
B 動	**수입하다**(輸入-)[-이파-]	輸入する
C 名	**수저**	匙、または匙と箸
C 名	**수준**(水準)	水準
C 名	**수집**(蒐集)(하)	収集、コレクション
C 動	**수집하다**(蒐集-)[-지파-]	収集する
C 冠	**수천**(數千)	数千

B	名 수출(輸出)(하)	輸出
B	動 수출하다(輸出-)	輸出する
C	名 수컷[-컫]	雄
B	名 수표(手票)	小切手
C	名 수필(隨筆)	随筆
B	名 수학(數學)	数学
B	名 수학(修學)(하)	修学
C	動 수행하다(遂行-)	遂行する
C	名 수험생(受驗生)	受験生
B	名 수화기(受話器)	受話器
C	名 숙녀(淑女)[숭-]	淑女、レディー
B	名 숙소(宿所)[-쏘]	宿所、宿
B	動 숙이다[수기-]	❶下げる ❷うなだれる、うつむく
A	名 숙제(宿題)(하)[-쩨]	宿題
B	名 순간(瞬間)	瞬間
C	名 순간적(瞬間的)	瞬間的
B	名 순서(順序)	順序
C	名 순수(純粹)(하)	純粋
B	形 순수하다(純粹-)	純粋だ

C 名	순식간(瞬息間)[-깐]	瞬く間
C 名	순위(順位)[수뉘]	順位
C 形	순진하다(純眞-)	純真だ
C 形	순하다(順-)	❶おだやかだ ❷軽い、薄い ❸ややこしくない
A 名	숟가락[-까-]	匙、スプーン
A 名	술	酒
A 名	술(術)	～術
B 名	술병(-瓶)[-뼝]	酒の瓶、酒壺
B 名	술자리[-짜-]	酒席
B 名	술잔(-盞)[-짠]	杯、酒杯
B 名	술집[-찝]	居酒屋
B 名	숨	❶息 ❷(野菜などの)青々とした新鮮なさま
C 動	숨기다	隠す
B 動	숨다[-따]	隠れる
C 動	숨지다	息が絶える、死ぬ
B 名	숫자(數字)[숟짜]	数字

B 名	숲[숩]	林、茂り、森
A 動	쉬다	❶休む ❷寝る、眠る ❸欠席する
B 動	쉬다	❶息をする ❷かすれる ❸(ご飯が)腐りかける
A 数	쉰	五十
A 形	쉽다[-따]	❶たやすい、易しい、簡単だ ❷～しやすい
A 名	슈퍼마켓(supermarket)	スーパーマーケット
B 名	스님	お坊さん(僧に対する尊敬語)
A 冠	스무	二十の
A 数	스물	二十
B 名	스스로	自分、自己
B 副	스스로	❶自ら、自分で ❷おのずから
C 名	스승	師、先生
B 名	스웨터(sweater)	セーター
C 名	스위치(switch)	スイッチ

C 動 스치다	❶かすめる ❷(考えなどが)よぎる
B 名 스케이트(skate)	スケート
B 名 스케줄(schedule)	スケジュール
A 名 스키(ski)	スキー
B 名 스키장(ski場)	スキー場
B 名 스타(star)	スター
B 名 스타일(style)	スタイル
C 名 스튜디오(studio)	スタジオ
A 名 스트레스(stress)	ストレス
A 名 스포츠(sports)	スポーツ
C 副 슬그머니	ひとりでに、そっと、こっそりと、それとなく
C 副 슬쩍	❶(人に気付かれないように)こっそりと、さっと ❷簡単に ❸軽く、さっと
B 動 슬퍼하다	悲しむ、嘆く
A 形 슬프다	悲しい、気の毒だ、

		かわいそうだ
B	名 슬픔	悲しみ、哀れ、悲嘆
B	名 습관(習慣)[-꽌]	習慣
C	名 습기(濕氣)[-끼]	湿気、湿り
C	名 승객(乘客)	乗客
C	名 승리(勝利)(하)[-니]	勝利、勝ち
C	動 승리하다(勝利-)[-니-]	勝利する
C	名 승부(勝負)	勝負
B	名 승용차(乘用車)	乗用車
C	名 승진(昇進)(하)	昇進
A	名 시(市)	市、都市
A	名 시(時)	時
C	名 시(詩)	詩
C	名 시각(時刻)	❶時刻 ❷短い間
C	名 시각(視角)	視角
A	名 시간(時間)	❶時間 ❷〜時間
A	名 시계(時計)	時計
B	名 시골	❶田舎 ❷故郷
C	名 시금치	ほうれん草
C	名 시기(時期)	時期、時

C 名	시기(時機)	時機、タイミング、チャンス
B 形	시끄럽다[-따]	❶やかましい、うるさい ❷面倒だ
C 名	시나리오(scenario)	シナリオ
B 名	시내(市内)	市内
B 名	시내버스(市内bus)	市内バス
B 名	시대(時代)	時代、世、代
C 名	시대적(時代的)	時代的
C 名	시댁(媤宅)	嫁ぎ先('시집'の尊敬語)
C 名	시도(試圖)(하)	試し、企て、試図
B 動	시도하다(試圖-)	試みる
C 動	시들다	しおれる、枯れる
C 名	시디(CD, Compact disk)	シーディ、コンパクトディスク
C 名	시디롬(CD-Rom)	シーディーロム
B 名	시리즈(series)	シリーズ
C 名	시멘트(cement)	セメント
B 名	시민(市民)	市民

B	名 시부모(媤父母)	舅姑、舅と姑
C	名 시선(視線)	視線、眼差し、目の向き
B	名 시설(施設)	施設
C	名 시스템(system)	システム
B	名 시아버지(媤-)	舅
C	名 시야(視野)	視野
B	名 시어머니(媤-)	姑
B	名 시외(市外)	市外
C	名 시외버스(市外bus)	市外バス
A	形 시원하다	❶涼しい ❷さわやかだ ❸はっきりしている
A	名 시월(十月)	十月
C	名 시위(示威)(하)	示威、デモ
B	名 시인(詩人)	詩人
C	名 시일(時日)	時日、月日、日時
A	名 시작(始作)(하)	初め、開始
A	動 시작되다(始作-)	始まる
A	動 시작하다(始作-)[-자카-]	始める

A 名 시장(市場)	市場、市、マーケット
C 名 시장(市長)	市長
B 名 시절(時節)	時節、季節、時期
C 名 시점(時點)	時点
C 名 시중(市中)	市中
C 名 시즌(season)	シーズン
B 名 시집(媤-)	夫の家、嫁入りの先
C 名 시집(詩集)	詩集
C 動 시집가다(媤-)	嫁ぐ
B 名 시청(市廳)	市役所、市庁
C 名 시청률(視聽率)[-뉼]	視聴率
B 名 시청자(視聽者)	視聴者
B 動 시키다	させる、やらせる
C 名 시합(試合)(하)	試合
A 名 시험(試驗)(하)	試験
B 名 식(式)	式
B 名 식구(食口)[-꾸]	家族
C 名 식기(食器)[-끼]	食器
B 動 식다[-따]	冷める
A 名 식당(食堂)[-땅]	食堂

C 名	식량(食糧)[싱냥]	食糧
C 名	식료품(食料品)[싱뇨-]	食料品
B 名	식물(植物)[싱-]	植物
B 名	식빵(食-)	食パン
A 名	식사(食事)(하)[-싸]	食事、ごはん
A 動	식사하다(食事-)[-싸-]	食事する
C 名	식생활(食生活)[-쌩-]	食生活
C 名	식욕(食慾)[시곡]	食欲
B 名	식용유(食用油)[시공뉴]	食用油
B 名	식초(食醋)	食酢、酢
A 名	식탁(食卓)	食卓、飯台
B 名	식품(食品)	食品
C 名	식품점(食品店)	食品店
C 動	식히다[시키-]	冷やす、冷ます
B 名	신	履き物の総称、靴
C 名	신(神)	神
C 名	신경(神經)	神経
B 名	신고(申告)(하)	申告
C 動	신고하다(申告-)	申告する
C 名	신규(新規)	新規

C 形	신기하다(新奇-)	珍しい、不思議だ
C 名	신념(信念)	信念
A 動	신다[-따]	(靴・靴下を)履く
C 名	신라(新羅)[실-]	新羅(しらぎ)
B 名	신랑(新郎)[실-]	新郎・花婿
A 名	신문(新聞)	新聞
B 名	신문사(新聞社)	新聞社
B 名	신문지(新聞紙)	新聞紙
A 名	신발	靴、履物
B 名	신부(新婦)	新婦、花嫁、新妻
C 名	신부(神父)	神父
C 名	신분(身分)	身分
C 名	신비(神秘)(하)	神秘
C 名	신사(紳士)	紳士、ジェントルマン
B 形	신선하다(新鮮-)	新鮮だ
C 名	신설(新設)(하)	新設
C 名	신세(身世)	身の上、一身の境涯
C 名	신세대(新世代)	新しい世帯
C 形	신속하다(迅速-)[-소카-]	迅速だ

B 名	신용(信用)(하)[시뇽]	信用
C 名	신인(新人)[시닌]	新人
B 名	신입생(新入生)[시닙쌩]	新入生
C 名	신제품(新製品)	新製品
C 形	신중하다(愼重-)	慎重だ
B 名	신청(申請)(하)	申請
C 名	신청서(申請書)	申請書、申込書
C 動	신청하다(申請-)	申請する、申し込む
B 名	신체(身體)	身体
C 名	신체적(身體的)	身体的
B 名	신호(信號)	信号
B 名	신호등(信號燈)	信号灯
B 名	신혼부부(新婚夫婦)	新婚夫婦
B 名	신혼여행(新婚旅行)	新婚旅行、ハネムーン
C 名	신화(神話)	神話
B 動	싣다[-따]	❶積む
		❷載せる、掲載する
C 名	실	糸
C 名	실감(實感)(하)	実感
B 名	실내(室內)[-래]	室内

B 名	실력(實力)	実力
A 名	실례(失禮)(하)	失礼
A 動	실례하다(失禮-)	失礼する
C 副	실로(實-)	実に
C 動	실리다	❶積まれる ❷載せられる、掲載される
C 名	실망(失望)(하)	失望
C 動	실망하다(失望-)	失望する、がっかりする
B 名	실수(失手)(하)[-쑤]	失敗、ミス
B 動	실수하다(失手-)[-쑤-]	失敗する
C 名	실습(實習)(하)[-씁]	実習
C 名	실시(實施)(하)[-씨]	実施、実行
C 動	실시되다(實施-)[-씨-]	実施される
C 動	실시하다(實施-)[-씨-]	実施する
C 副	실은(實-)[시른]	実は
C 名	실장(室長)[-짱]	室長
C 名	실정(實情)[-쩡]	実情
B 名	실제(實際)[-쩨]	実際
C 副	실제로(實際-)[-쩨-]	実際に

C 名	실질적(實質的)[-찔쩍]	実質的
C 名	실천(實踐)(하)	実践
C 動	실천하다(實踐-)	実践する
C 名	실체(實體)	実体
C 副	실컷[-컨]	思う存分、飽きるほど、十二分に
C 名	실태(實態)	実態
B 名	실패(失敗)(하)	失敗
B 動	실패하다(失敗-)	失敗する
C 名	실험(實驗)(하)	実験
C 名	실현(實現)(하)	実現
C 動	실현되다(實現-)	実現される
C 動	실현하다(實現-)	実現する
A 形	싫다[실타]	いやだ、嫌いだ
B 動	싫어지다[시러-]	いやになる、嫌いになる
A 動	싫어하다[시러-]	嫌う
B 形	심각하다(深刻-)[-가카-]	深刻だ
C 動	심각해지다(深刻-)[-가케-]	深刻化する

B 動	심다[-따]	植える、(種を)まく
B 名	심리(心理)[-니]	心理
C 名	심리적(心理的)[-니-]	心理的
B 名	심부름(하)	お使い
C 名	심사(審査)(하)	審査
C 形	심심하다	退屈だ、暇だ
C 名	심장(心臟)	心臓
C 名	심정(心情)	心情
C 名	심판(審判)(하)	審判
B 形	심하다(甚-)	はなはだしい、ひどい
B 動	심해지다(甚-)	ひどくなる、激しくなる
A 数	십(十)	十
A 名	십이월(十二月)[시비-]	十二月
A 名	십일월(十一月)[시비뤌]	十一月
B 形	싱겁다[-따]	❶水っぽい、淡い ❷(味が)薄い ❸くだらない
C 形	싱싱하다	❶みずみずしい、新鮮だ ❷(色が)鮮やかだ

A 補	싶다[십따]	❶〜(し)たい
		❷〜ようだ、〜らしい
		❸〜だったらなあと思う
C 補	싶어지다[시퍼-]	〜(し)たくなる
C 名	싸구려	安物
A 形	싸다	❶(値段が)安い
		❷(罰を受けても)当然だ ❸(口が)軽い
B 動	싸다	❶包む ❷取り囲む ❸食べ物をつめる、支度する
A 動	싸우다	❶争う、けんかする ❷努力する
B 名	싸움	けんか、争い、戦い
C 名	싹	芽
C 名	싼값[-갑]	安値
B 名	쌀	米
C 名	쌍(雙)	双、対、そろい
C 名	쌍둥이(雙-)	双子

B	動 쌓다[싸타]	❶積む ❷(技術など)磨く ❸築く
B	動 쌓이다[싸-]	積もる、たまる
C	副 쏙	❶すっと、さっさと ❷とても、非常に
B	動 썩다[-따]	❶腐る、腐敗する ❷使わずにくちる ❸(才能などが)埋もれる
B	動 썰다	刻む、切る
C	形 썰렁하다	❶少し冷たい、ひんやりする ❷もの寂しい
B	動 쏘다	❶射る、打つ、放つ ❷刺す ❸おごる
B	動 쏟다[-따]	❶こぼす ❷流す ❸注ぐ ❹ぶちまける
B	動 쏟아지다[쏘다-]	❶こぼれ落ちる ❷あふれる ❸(一度に多く)出てくる

A 動 쓰다	使う
A 動 쓰다	書く
A 動 쓰다	(帽子・眼鏡などを)かぶる、かける
B 形 쓰다	❶苦い ❷苦々しい、つらい
C 動 쓰다듬다[-따]	❶なでる ❷なだめかす
C 動 쓰러지다	❶倒れる ❷倒産する
A 名 쓰레기	ごみ、くず
B 名 쓰레기통(-桶)	ゴミ箱、ちり箱
B 動 쓰이다	使われる、用いられる
C 動 쓰이다	書かれる
C 名 쓴맛[-맏]	苦い味、苦み
C 動 쓸다	掃く
C 形 쓸데없다[-떼업따]	❶役に立たない ❷要らない、無用だ
C 副 쓸데없이[-떼업시]	無駄に、無用に
C 形 쓸쓸하다	❶寂しい、わびしい ❷(空模様が)どんより

		して薄ら寒い
C	動 씌우다[씨-]	❶かぶせる ❷(ぬれぎぬなどを)きせる
B	名 씨	種
A	名 씨(氏)	氏
B	名 씨름(하)	❶韓国の相撲 ❷ある事に真剣に取り組むこと
C	名 씨앗[-앋]	種、種子
B	形 씩씩하다[-씨카-]	りりしい、男らしい
B	動 씹다[-따]	かむ
C	動 씻기다[씯끼-]	洗ってやる
C	動 씻기다[씯끼-]	洗われる、すすがせる
A	動 씻다[씯따]	洗う

ㅇ

A 感 아		❶(驚いたり、慌てたりした時に出す声)あ、あっ ❷(呼び出し)あの、おい
B 名 아가씨		❶お嬢様 ❷若奥様
A 名 아기		赤ちゃん、坊や
B 副 아까		ちょっと前、さっき
C 形 아깝다[-따]		惜しい、もったいない
C 動 아끼다		❶節約する ❷大事にする、いたわる
B 名 아나운서(announcer)		アナウンサー
A 名 아내		妻、家内、女房
C 感 아냐		いや、いやあ
B 感 아뇨		いいえ
A 副 아니		～ない
B 感 아니		いや、いいえ
A 形 아니다		❶いや ❷ちがう ❸～ではない

243

B 感	아니야	いや、いやあ
A 感	아니요	いいえ
C 補	아니하다	〜しない、〜ではない
C 名	아드님	息子さん、ご子息
A 名	아들	息子
A 名	아래	❶下 ❷下位 ❸次
B 名	아래쪽	下の方向、下の場所
B 名	아래층(-層)	建物の下層、下の階
C 名	아랫사람[-랟싸-]	目下の人
C 名	아르바이트(독Arbeit)	アルバイト
A 形	아름답다[-따]	美しい、きれいだ
A 副	아마	おそらく、たぶん
B 副	아마도	おそらく、たぶん
A 代	아무	誰、何人
A 冠	아무	何の、何かの
C 名	아무개	それがし
B 名	아무것[-걷]	なにも、なんでも
B 副	아무래도	どうでも、どうしても、やはり
C 冠	아무런	どんな、いかなる

B 形	아무렇다[-러타]	どうこうである、どんな状態だ
B 副	아무리	どんなに、いくら
B 副	아무튼	とにかく、いずれにせよ
B 名	아버님	お父様
A 名	아버지	父、お父さん、父親
A 名	아빠	お父ちゃん、パパ
C 名	아쉬움	心残り
C 形	아쉽다[-따]	もの足りない、心残りだ
C 名	아스팔트(asphalt)	アスファルト
B 名	아시아(Asia)	アジア
B 感	아아	(思いがけないときに)ああ、あっ、おお
C 副	아예	最初から、決して
C 副	아울러	合わせて、ともに
C 感	아유	(あきれたりした時)ああ、ふう
A 名	아이	子供

B 感	아이	❶(人にせがむ時)ねえ ❷'아이고'の縮約形
B 感	아이고	❶(喜びを表す)あら、まあ、やあ ❷(あきれた時)まあ、やれやれ ❸(驚き)ひゃあ
C 名	아이디어(idea)	アイディア
A 名	아이스크림(ice-cream)	アイスクリーム
A 名	아저씨	❶叔父、おじさん ❷血縁関係のない男の人
A 副	아주	❶とても、非常に ❷まったく、すっかり
A 名	아주머니	❶おばさん ❷奥さん、おかみさん
A 名	아줌마	おばさん
A 副	아직	まだ、いまだに、なお、今なお
A 名	아침	朝
A 名	아파트(apartment)	アパート

A 形	아프다	痛い
B 名	아프리카(Africa)	アフリカ
B 名	아픔	痛み
C 感	아하	(思いがけないことを知ったとき)ああ、ははあ
A 数	아홉	九つ
A 数	아흔	九十
B 名	악기(樂器)[-끼]	楽器
C 名	악몽(惡夢)[앙-]	悪夢
B 名	악수(握手)(하)[-쑤]	握手
A 副	안	〜しない、〜くない
A 名	안	内、中、内側
C 名	안(案)	案件、思案
C 名	안개	霧
A 名	안경(眼鏡)	眼鏡
C 名	안과(眼科)[-꽈]	眼科
C 動	안기다	抱かれる、抱かせる
C 動	안기다	(責任などを)負わせる
C 名	안내(案內)(하)	案内

B 動	안내하다(案内-)	案内する
A 名感	안녕(安寧)	❶安寧 ❷(挨拶の言葉)さようなら、こんにちは
A 形	안녕하다(安寧-)	元気だ、無事だ
A 副	안녕히(安寧-)	安らかに、無事に
A 動	안다[-따]	抱く
C 名	안동(安東)	安東(アンドン)
B 動	안되다	うまくいかない
A 形	안되다	気の毒で残念だ
B 名	안방(-房)[-빵]	❶奥の間 ❷主婦が起居する内室
C 名	안부(安否)	安否
C 動	안심하다(安心-)	安心する
B 名	안전(安全)(하)	安全
B 形	안전하다(安全-)	安全だ
C 名	안정(安定)(하)	安定
C 動	안정되다(安定-)	安定する、落ち着く
B 名	안주(按酒)	肴、おつまみ

B 名	안쪽	内、内側
B 形	안타깝다[-따]	❶不憫だ、気の毒だ ❷もどかしい
C 名	안팎[-팍]	❶内外、内と外 ❷〜ほど、前後
A 動	앉다[안따]	座る
C 動	앉히다[안치-]	座らせる
A 動	않다[안타]	しない
A 補	않다[안타]	〜(し)ない、〜ではない、〜くない
B 名	알	❶卵 ❷実
A 動	알다	❶分かる、知る ❷かかわる
B 動	알려지다	知られる
C 名	알루미늄(aluminium)	アルミニウム
B 動	알리다	知らせる、告げる、通知する
B 形	알맞다[-맏따]	適当だ、適する、合う、ふさわしい
C 動	알아내다[아라-]	❶分かる ❷見分ける

		❸見つけ出す
B 動	알아듣다[아라-따]	❶理解する ❷聞き取る、聞き分ける
C 動	알아보다[아라-]	❶調べる、探る ❷記憶する
C 動	알아주다[아라-]	❶認める ❷理解する ❸評判が高い
C 名	알코올(alcohol)	アルコール
B 動	앓다[알타]	(病気を)患う
B 名	암(癌)	癌
C 名	암시(暗示)(하)	暗示
C 名	암컷[-컫]	めす
C 名	압력(壓力)[암녁]	圧力
A 名	앞[압]	前、全面、先
B 名	앞길[압낄]	前途、将来
C 名	앞날[암날]	将来、未来
C 動	앞두다[압뚜-]	控える、目前に迫る
B 名	앞뒤[압뛰]	前後
C 名	앞문(-門)[암-]	表門、表口
C 名	앞바다[압빠-]	❶すぐ前の海 ❷沖

C 副 앞서[압써]	❶先に ❷先日、先ほど
B 動 앞서다[압써-]	人に先立つ、先頭に立つ
C 動 앞세우다[압쎄-]	先に立たせる、前面に押し立てる
C 動 앞장서다[압짱-]	先頭に立つ、先立つ
B 名 앞쪽[압-]	先方、前側
B 名 애	子供
C 名 애	❶いらいらする心、気づかい ❷苦労、気苦労
C 動 애쓰다	非常に努力する、努める、気を使う
B 名 애인(愛人)	恋人
C 名 애정(愛情)	愛情
C 名 애초(-初)	始め、最初
B 名 액세서리(accessory)	アクセサリー
C 名 액수(額數)[-쑤]	金額
C 名 앨범(album)	アルバム

B 感	야	❶(驚いたり感嘆したりまたは嬉しい時に出す声)やあ、まあっ ❷〜だ、〜な
C 名	야간(夜間)	夜間
A 名	야구(野球)(하)	野球
C 名	야구장(野球場)	野球場
C 名	야단(惹端)(하)	❶騒がしいこと ❷口やかましく叱ること
C 感	야옹	(猫の鳴き声)ニャー、ニャン
B 名	야외(野外)	野外、郊外
B 名	야채(野菜)	野菜、菜、青物
C 形	야하다(野-)	下品でいやらしい、派手でけばけばしい
C 名	약	(植物の辛みや苦みなどの)刺激性成分
B 名	약(約)	約、およそ
A 名	약(藥)	薬
B 名副	약간[-깐]	若干、いくらか

A 名	약국(藥局)[-꾹]	薬屋、薬局
A 名	약속(約束)(하)[-쏙]	約束
A 動	약속하다(約束-)[-쏘카-]	約束する
C 名	약수(藥水)[-쑤]	鉱泉水(飲めば薬になると言われる泉の水)
C 名	약점(弱點)[-쩜]	弱点、弱み、欠点
C 名	약품(藥品)	薬品
B 形	약하다(弱-)[야카-]	弱い、もろい
C 動	약해지다(弱-)[야캐-]	弱くなる、弱る
C 名	약혼녀(約婚女)[야콘-]	婚約者、フィアンセ、いいなずけ
C 名	약혼자(約婚者)[야콘-]	婚約者
C 形	얄밉다[-따]	憎らしい
B 形	얇다[얄따]	薄い
C 名	양(兩)	両
C 名	양(孃)	～さん
C 名	양(羊)	羊
B 名	양(量)	分量
C 名	양국(兩國)	両国
B 名	양념	薬味、味付け、調味料

C 名	양력(陽曆)[-녁]	陽暦、太陽暦
A 名	양말(洋襪)	靴下
B 名	양배추(洋-)	キャベツ
C 名	양보(讓步)(하)	譲歩
B 動	양보하다(讓步-)	譲歩する、譲る
A 名	양복(洋服)	洋服、背広
C 名	양상추(洋-)	レタス
C 名	양식(樣式)	様式
C 名	양식(洋食)	西洋料理
C 名	양심(良心)	良心
C 名	양옆(兩-)[-엽]	両側
C 名	양주(洋酒)	洋酒
B 名	양쪽(兩-)	両方、双方
B 名	양파(洋-)	たまねぎ
B 形	얕다[얃따]	浅い
C 感	애	あら、おお、おや
A 名	얘기(하)	話('이야기'の縮約形)
A 動	얘기하다	話をする
A 感	어	ああ、あれ、うむ、やあ、おう、まあ、わあ

C 動	어기다	(規則・約束・時間などを)破る
A 名	어깨	肩
A 代冠	어느	❶どの、何の、どこの ❷ある
C 副	어느덧[-덛]	いつの間にか
B 副	어느새	いつのまにか、もはや、すでに
B 動	어두워지다	暗くなる
B 名	어둠	暗闇、闇
B 形	어둡다[-따]	❶暗い ❷(視力・聴力が)弱い
A 代	어디	どこ
A 感	어디	よし、さあ
A 形	어떠하다	どうである、どういうふうだ
A 冠	어떤	ある、どのような
A 形	어떻다[-떠타]	どうである、どういうふうだ
B 名	어려움	難しさ、困難

C 動	어려워지다	難しくなる
A 形	어렵다[-따]	難しい、困難だ
A 名	어른	大人、成人
B 形	어리다	幼い、若い
B 動	어리다	❶涙ぐむ、涙がにじむ ❷こもる、みなぎる
C 形	어리석다[-따]	愚かだ、間抜けだ
B 名	어린아이[-리나-]	幼子、子供
B 名	어린애[-리내]	子供('어린아이'の縮約形)
A 名	어린이[-리니]	子供、児童
B 名	어린이날[-리니-]	子供の日
B 感	어머	(不意の出来事に驚いた時)ああ、あっ、あれ、まあ、あらまあ
A 名	어머니	母、お母さん、母親
B 名	어머님	お母様、母上
B 形	어색하다(語塞-)[-새카-]	理が通らない、不自然だ、ぎこちない
A 副	어서	速く、さあ、どうぞ

B 動	어울리다	調和する、似合う
C 名	어저께	昨日
A 名副	어제	昨日
B 名	어젯밤[-젣빰]	昨夜、昨日の晩
C 形	어지럽다[-따]	❶めまいがする ❷慌ただしい ❸乱れている、散らかっている
C 副	어쨌든[-쨷뜬]	とにかく
C 副	어쩌다	❶偶然に ❷たまに
B 動	어쩌다	('어찌하다'の縮約形) どうする
C 副	어쩌다가	❶偶然に ❷たまに、ときどき
B 副	어쩌면	❶どうすれば ❷ひょっとすると、あるいは
B 副	어쩐지	どういうわけか、なんとなく、何だか
C 副	어쩜	('어쩌면'の縮約形)

		❶ どうすれば
		❷ ひょっとすると、あるいは
C	副 어찌	どうして、なぜ、どのように
C	副 어찌나	どんなに、あまりに
C	動 어찌하다	どうする
B	数 억(億)	億
C	形 억울하다(抑鬱-)[어굴-]	無念だ、悔しい
A	名 언니	姉(女性から言う場合)
C	名 언덕	丘、丘陵、坂
C	名 언론(言論)[얼-]	言論
C	名 언어(言語)[어너]	言語
A	代副 언제	いつ
A	副 언제나	❶ いつごろ ❷ いつも
B	副 언젠가	いつの日か、いつか
B	動 얹다[언따]	❶ あげる
		❷ (ほかのものの上に)置く、乗せる
B	動 얻다[-따]	もらう、得る

C 動	얻어먹다[어더-따]	❶もらって食べる ❷おごってもらう
A 名	얼굴	顔、おもて、容貌
B 動	얼다	凍る、凍りつく
B 副	얼른	早く、さっさと、素早く、さっと
C 動	얼리다	凍らせる、冷凍する
C 名	얼마간(-間)	ちょっと、いくらか
A 副	얼마나	どれくらい、どんなに
A 名	얼마	いくら、どれほど
B 名	얼음[어름]	氷
C 副	얼핏[-핃]	ちらっと、ふと
C 形	엄격하다(嚴格-)[-껵카-]	厳格だ、厳しい
A 名	엄마	ママ、おかあちゃん、かあちゃん
C 形	엄숙하다(嚴肅-)[-수카-]	厳粛だ
A 形	엄청나다	途方もない、度はずれだ
C 動	업다[-따]	❶負う、おんぶする ❷背景にする

B 名	업무(業務)[엄-]	業務
C 名	업종(業種)[-쫑]	業種
C 名	업체(業體)	事業の主体
A 形	없다[업따]	ない
B 動	없애다[업새-]	❶なくす ❷浪費する ❸処分する
B 動	없어지다[업서-]	❶なくなる ❷消える ❸減る
B 副	없이[업시]	～なしに、～のない状態で
C 動	엇갈리다[얻깔-]	行き違う
C 名	엉덩이	しり
B 形	엉뚱하다	❶身分不相応だ ❷とんでもない
C 名	엉망	散々、めちゃくちゃ
C 名	엉터리	でたらめ、いんちき
B 副	엊그제[얻끄-]	3日前、おとといか先おととい、数日前
C 動	엎드리다[업뜨-]	うつ伏せになる、四つんばいになる

C 感 에		(不満や怒りから出る声)えい、えいくそ、いや
C 名 에너지(energy)		エネルギー
A 名 에어컨(air conditioner)		クーラー
B 名 엔(일en)		円
C 名 엔진(engine)		エンジン
B 名 엘리베이터(elevator)		エレベーター
B 名 여(女)		女
C 名 여가(餘暇)		余暇、ひま
C 副 여간(如干)		❶普通 ❷並では
C 名 여건(與件)[-껀]		与件
C 動 여겨지다		❶(おのずと)思われる ❷感じられる
B 名 여고생(女高生)		女子高生
B 名 여관(旅館)		旅館
C 名 여군(女軍)		女の軍人、女の軍隊
A 名 여권(旅券)[-꿘]		旅券、パスポート
A 代 여기		ここ
C 動 여기다		❶思う ❷感ずる

261

B 代	여기저기	あちこち、あちらこちら
B 名	여대생(女大生)	女子大学生
A 数	여덟[-덜]	八つ
A 名	여동생(女同生)	妹
A 数	여든	八十
A 冠	여러	多くの、いろいろの
A 代	여러분	皆さん
C 名	여럿[-런]	多数、大勢
C 名	여론(輿論)	世論、輿論
A 名	여름	夏
B 名	여름철	夏季、夏の季節
B 感	여보	(夫婦間で)あなた、おまえ
A 感	여보세요	(電話で)もしもし
A 数	여섯[-섣]	六つ
B 名	여성(女性)	女性
C 名	여왕(女王)	女王、クイーン
B 名	여우	きつね
B 名	여유(餘裕)	余裕

C 名	여인(女人)	女人、女子
A 名	여자(女子)	女子、女、女性
C 形	여전하다(如前-)	前と同じである、相変わらずだ
C 副	여전히(如前-)	相変わらず、依然として、今もなお
B 名	여직원(女職員)[-지권]	女職員、OL
B 動	여쭈다	(目上の人に)申し上げる
A 名	여학생(女學生)[-쌩]	女学生
A 名	여행(旅行)(하)	旅行
B 名	여행사(旅行社)	旅行社
A 動	여행하다(旅行-)	旅行する
C 名	역(役)	役
A 名	역(驛)	駅
A 名	역사(歷史)[-싸]	歴史
B 名	역사가(歷史家)[-싸-]	歴史家、史家
C 名	역사상(歷史上)[-싸-]	史上、歴史上
B 名	역사적(歷史的)[-싸-]	歴史的
C 名	역사학(歷史學)[-싸-]	歴史学

B 副	역시(亦是)[-씨]	やはり、やっぱり
B 名	역할(役割)[여칼]	役割
C 名	연간(年間)	年間
C 名	연결(連結)(하)	連結、つながり
B 動	연결되다(連結)	連結される、つながれる
B 動	연결하다(連結)	連結する、つなぐ
C 名	연관(聯關)(하)	連関、関連
B 名	연구(研究)(하)	研究
B 名	연구소(研究所)	研究所
C 名	연구실(研究室)	研究室
C 名	연구원(研究員)	研究員
B 名	연구자(研究者)	研究者
B 動	연구하다(研究-)	研究する
C 名	연극(演劇)	演劇、劇、芝居
B 名	연기(煙氣)	煙
B 名	연기(演技)(하)	演技
C 名	연기(延期)(하)	延期
C 動	연기되다(延期-)	延期される
C 名	연기자(演技者)	俳優

C 動	연기하다(延期-)	延期する
C 名	연두색(軟豆色)	薄緑色
C 名	연락(連絡)(하)[열-]	連絡
B 名	연락처(連絡處)[열-]	連絡先
B 動	연락하다(連絡-)[열라카-]	連絡する
C 名	연령(年齡)[열-]	年齢
B 名	연말(年末)	年末、年の暮れ
C 動	연상하다(聯想-)	連想する
C 名	연설(演說)(하)	演説
B 名	연세(年歲)	お年
C 名	연속(連續)(하)	連続
A 名	연습(練習)(하)	練習
A 動	연습하다(練習-)[-스파-]	練習する
C 名	연애(戀愛)(하)[여내]	恋愛、恋
C 名	연예인(演藝人)[여네-]	芸能人
C 名	연인(戀人)[여닌]	恋人
C 名	연장(延長)(하)	延長
C 名	연주(演奏)(하)	演奏
C 名	연출(演出)(하)	演出
C 動	연출하다(演出-)	演出する

B 形	연하다(軟-)	(肉などが)軟らかい
C 名	연합(聯合)(하)	連合
B 名	연휴(連休)	連休
A 数	열	十
B 名	열(熱)	熱
C 名	열기(熱氣)	熱氣
A 動	열다	開く、開ける
B 動	열리다	開かれる
B 動	열리다	(実が)なる
C 名	열매	実
A 名	열쇠[-쐬]	鍵
A 副	열심히(熱心-)[-씸-]	一生懸命、熱心に
C 名	열정(熱情)[-쩡]	熱情
C 動	열중하다(熱中-)[-쭝-]	熱中する
B 名	열차(列車)	列車
B 名	열흘	十日
C 形	엷다[열따]	(厚さ・味・色が)薄い
C 名	염려(念慮)[-녀]	心配、気遣い
B 動	염려하다(念慮-)[-녀-]	心配する
B 名	엽서(葉書)[-써]	葉書

C 動	엿보다 [엳뽀-]	盗み見る、のぞき見る
C 副	영(永)	とわに、永遠に
A 名	영국(英國)	英国、イギリス
C 名	영남(嶺南)	嶺南(ヨンナム)
C 名	영상(映像)	映像
B 名	영상(零上)	零上
C 名	영양(營養)	栄養
A 名	영어(英語)	英語
C 名	영업(營業)(하)	営業
C 名	영역(領域)	領域
C 名	영웅(英雄)	英雄
B 形	영원하다(永遠-)	永遠だ
B 副	영원히(永遠-)	永遠に
B 名	영하(零下)	零下
C 名	영향(影響)	影響
C 名	영향력(影響力)[-녁]	影響力
C 名	영혼(靈魂)	霊魂、魂
A 名	영화(映畫)	映画
C 名	영화관(映畫館)	映画館
C 名	영화배우(映畫俳優)	映画俳優

C 名	영화제(映畫祭)	映画祭
A 名	옆[엽]	そば、横
C 名	옆구리[엽꾸-]	脇、脇腹
B 名	옆방(-房)[엽빵]	隣室、隣の部屋
B 名	옆집[엽찝]	隣家
C 名	예	昔、ずっと以前
A 感	예	はい
B 名	예(例)	例
C 名	예감(豫感)	予感
C 動	예고하다(豫告-)	予告する
B 名	예금(預金)(하)	預金
B 動	예매하다(豫買-)	前もって買う
C 名	예방(豫防)(하)	予防
C 動	예방하다(豫防-)	予防する
C 名	예보(豫報)(하)	予報
C 名	예비(豫備)(하)	予備
A 形	예쁘다	きれいだ、美しい
C 名	예산(豫算)(하)	予算
B 名	예상(豫想)(하)	予想
C 動	예상되다(豫想-)	予想される

C 動	예상하다(豫想-)	予想する
C 名	예선(豫選)(하)	予選
A 数	예순	六十
B 名	예술(藝術)	芸術
B 名	예술가(藝術家)	芸術家
C 名	예술적(藝術的)	芸術的
C 名	예습(豫習)(하)	予習
C 動	예습하다(豫習-)[-스파-]	予習する
C 名	예식장(禮式場)[-짱]	結婚式場
B 名	예약(豫約)(하)	予約
C 動	예약하다(豫約-)[-야카-]	予約する
C 名	예외(例外)	例外
C 名	예의(禮儀)[-이]	礼儀
B 名	예전	以前
B 名	예절(禮節)	礼節、礼儀
B 名	예정(豫定)(하)	予定
C 動	예정되다(豫定-)	予定される
C 動	예측하다(豫測-)[-츠카-]	予測する
C 副	예컨대(例-)	例えば、例をあげれば
B 冠	옛[옏]	昔の、ずっと前の

ㅇ

A	名 옛날[옌-]	昔
B	名 옛날이야기[옌-]	昔話
B	感 오	(驚いたとき)おお
A	数 오(五)	五
B	動 오가다	行き来する、往来する
A	名副 오늘	今日
B	名 오늘날[-랄]	今日(こんにち)
A	補 오다	〜してくる
A	動 오다	来る
C	名 오락(娛樂)	娯楽
A	副 오래	長く
A	名 오래간만	久しぶり
B	副 오래도록	長く、長らく、久しく
B	動 오래되다	古くなる
B	名 오래전(-前)	前々、ずっと前
B	冠 오랜	❶長い ❷古くからの
A	名 오랜만	久しぶり
B	名 오랫동안[-랜똥-]	長い間、久しい間
A	名 오렌지(orange)	オレンジ
C	副 오로지	もっぱら、ひとえに、

		ひたすら、ただ
C	動 오르내리다	上り下りする
A	動 오르다	❶上がる、登る
		❷高くなる
B	名 오른발	右足
B	名 오른손	右手
A	名 오른쪽	右側
B	名 오리	あひる
B	名 오븐(oven)	オーブン
A	名 오빠	兄、お兄さん(女性から言う場合)
A	数 오십(五十)	五十
C	名 오염(汚染)	汚染
C	動 오염되다(汚染-)	汚染される
A	名 오월(五月)	五月
B	名 오이	きゅうり
A	名 오전(午前)	午前
B	副 오직	ただ、ひたすら、ひとえに
B	名 오징어	いか

C 名	오페라(opera)	オペラ
B 名	오피스텔(office+hotel)	オフィス・ホテル
C 名	오해(誤解)(하)	誤解
A 名	오후(午後)	午後
C 副	오히려	むしろ、かえって
C 名	옥상(屋上)[-쌍]	屋上
B 名	옥수수[-쑤-]	とうもろこし
B 冠	온	全ての、全部の、全
C 冠	온갖[-갇]	あらゆる種類の
B 名	온도(溫度)	温度
C 名	온돌(溫突)	オンドル
C 名	온라인(on-line)[올-]	オンライン
B 名	온몸	総身、全身
C 名	온종일(-終日)	一日中、四六時中
B 副	온통	全部、すっかり
C 名	올	糸筋、布目
C 名冠	올	今年
C 名	올가을[-까-]	今秋
A 動	올라가다	❶上がる、登る
		❷高くなる

C 動	올라서다	上がって立つ、登る
B 動	올라오다	上がってくる、登ってくる
C 動	올라타다	❶乗る、乗り込む ❷馬乗りになる
C 動	올려놓다[-노타]	上に置く、載せる、かける
C 動	올려다보다	見上げる
C 動	올리다	上げる
B 名	올림픽(Olympic)	オリンピック
C 形	올바르다	正しい、正直だ
C 名	올여름[-려-]	今夏
A 名	올해	今年
B 動	옮기다[옴-]	❶移す ❷人に伝える
B 形	옳다[올타]	正しい、道理にかなっている
A 名	옷[옫]	服
C 名	옷차림[옫-]	身なり、着付け
B 感	와	(驚いたとき)わあ
C 名	와이셔츠(white shirts)	ワイシャツ

B 名	와인(wine)	ワイン
B 形	완벽하다(完璧-)[-벼카-]	完璧だ
C 名	완성(完成)(하)	完成
C 動	완성되다(完成-)	完成される
C 動	완성하다(完成-)	完成する
C 名	완전(完全)(하)	完全
C 形	완전하다(完全-)	完全だ
B 副	완전히(完全-)	完全に
B 名	왕(王)	王
C 名	왕비(王妃)	王妃
C 名	왕자(王子)	王子
A 副	왜	なぜ、どうして
A 副	왜냐하면	なぜかというと、なぜならば
B 副	왠지	なぜだか分からないが、何となく
B 名	외(外)	外
C 名	외갓집(外家-)[-갇찝]	母の里、母の実家
C 名	외과(外科)[-꽈]	外科
B 名	외교(外交)(하)	外交

B 名 외교관(外交官)	外交官
A 名 외국(外國)	外国
A 名 외국어(外國語)[-구거]	外国語
A 名 외국인(外國人)[-구긴]	外国人
C 動 외다	暗記する、覚える
C 名 외로움	寂しさ
B 形 외롭다[-따]	寂しい、心細い、孤独だ
C 動 외면하다	❶顔を背ける ❷無視する ❸素知らぬふりをする
C 名 외모(外貌)	外貌、見た目
C 名 외부(外部)	外部
B 名 외삼촌(外三寸)	母方の叔父
C 名 외아들	一人息子
B 動 외우다	❶暗記する ❷覚える ❸記憶する
C 名 외제(外製)	外製
B 名 외출(外出)(하)	外出
B 動 외출하다(外出-)	外出する

C 動	외치다	❶ 叫ぶ ❷ わめく
C 名	외침	叫び
B 名	외할머니(外-)	外祖母
C 名	외할아버지(外-)[-하라-]	外祖父
B 名	왼발	左足
B 名	왼손	左手
A 名	왼쪽	左側
C 冠	요	この、これしきの
C 名	요구(要求)(하)	要求
C 動	요구되다(要求-)	要求される
B 動	요구하다(要求-)	要求する
B 名	요금(料金)	料金
A 名	요리(料理)(하)	料理
C 名	요리사(料理師)	板前
A 動	요리하다(料理-)	料理する
B 名	요새	この間、この頃
C 動	요약하다(要約-)[-야카-]	要約する
A 名	요일(曜日)	曜日
A 名	요즈음	この頃、近頃
A 名	요즘	この頃、近頃

B 名	요청(要請)(하)	要請
C 動	요청하다(要請-)	要請する
C 名	욕(辱)(하)	悪口
B 名	욕실(浴室)[-씰]	浴室、風呂場
B 名	욕심(欲心)[-씸]	欲心、欲
C 動	욕하다(辱-)[요카-]	ののしる、悪口を言う
C 名	용(龍)	竜、ドラゴン
C 形	용감하다(勇敢-)	勇敢だ、勇ましい
C 名	용기(勇氣)	勇気
C 名	용기(容器)	容器
C 名	용도(用途)	用途
B 名	용돈(用-)[-똔]	小遣い
C 名	용서(容恕)(하)	容赦
C 動	용서하다(容恕-)	容赦する、許す
C 名	용어(用語)	用語
C 名	우려(憂慮)(하)	憂慮、心配
A 代	우리	私達、我々
A 名	우리나라	我が国
B 名	우리말	我が国の言葉、国語
A 名	우산(雨傘)	傘

B 副	우선(于先)	まず、最初に、とりあえず、ともかく
B 形	우수하다(優秀-)	優秀だ
C 形	우습다[-따]	❶おかしい、こっけいだ ❷ばからしい、つまらない
B 名	우승(優勝)(하)	優勝
B 動	우승하다(優勝-)	優勝する
C 形	우아하다(優雅-)	優雅だ
B 副	우연히(偶然-)	偶然に、ふと
B 形	우울하다(憂鬱-)	憂鬱だ
A 名	우유(牛乳)	牛乳、ミルク
C 名	우정(友情)	友情
C 名	우주(宇宙)	宇宙
A 名	우체국(郵遞局)	郵便局
C 名	우편(郵便)	郵便
B 名	우표(郵票)	郵便切手、切手
B 名	운(運)	運
A 名	운동(運動)(하)	運動
B 名	운동복(運動服)	運動服

A 名	운동장(運動場)	運動場
A 動	운동하다(運動-)	運動する
A 名	운동화(運動靴)	運動靴
C 名	운명(運命)	運命
C 名	운반(運搬)(하)	運搬
C 動	운영하다(運營-)[우녕-]	運営する
A 名	운전(運轉)(하)	運転
B 名	운전기사(運轉技士)	運転手
C 名	운전사(運轉士)	運転手
B 名	운전자(運轉者)	運転者
A 動	운전하다(運轉-)	運転する
C 名	운행(運行)(하)	運行
A 動	울다	泣く
B 動	울리다	泣かす、泣かせる
C 動	울리다	❶(音が)出る、鳴る ❷(広く世に)知られる、とどろく
B 名	울산(蔚山)[-싼]	蔚山(ウルサン)
B 名	울음[우름]	泣き
C 名	울음소리[우름-]	泣き声

B 動	움직이다[-지기-]	❶(ものが)動く ❷(機械などが)作動する
C 名	움직임[-지김]	動き
B 動	웃기다[욷끼-]	❶笑わす ❷おかしい
A 動	웃다[욷따]	笑う
B 名	웃어른[우더-]	目上の人
B 名	웃음[우슴]	笑い
C 名	웃음소리[우슴-]	笑い声
C 副	워낙	❶あまりにも、なにしろ ❷もともと
A 名	원	ウォン
C 感	원	(驚いたとき、不満に思うとき)あら、まあ
C 名	원고(原稿)	原稿
B 名	원래(元來)[월-]	元来、元々
C 名	원서(願書)	願書
B 名	원숭이	猿
C 名	원인(原因)[워닌]	原因
C 名	원장(院長)	院長
B 名	원피스(one-piece)	ワンピース

B 動	원하다(願-)	❶願う ❷ほしい
A 名	월(月)	月
C 名	월급(月給)	月給
B 名	월드컵(World Cup)	ワールドカップ
C 名	월세(月貰)[-쎄]	家、部屋などを月極めで借りること('사글세'とも言う)
A 名	월요일(月曜日)[워료-]	月曜日
B 名	웨이터(waiter)	ウェーター
C 冠	웬	どんな、なんという、どうした、どういうわけの
C 形	웬만하다	❶まあまあだ、まずまずだ ❷かなりのものだ
B 名	웬일[-닐]	どうしたこと、何事
A 名	위	上
C 名	위(位)	位
C 名	위(胃)	胃
C 名	위기(危機)	危機

C 形	위대하다(偉大-)	偉大だ、偉い
C 名	위로(慰勞)(하)	慰労
C 動	위로하다(慰勞-)	慰労する
B 名	위반(違反)(하)	違反
C 動	위반하다(違反-)	違反する
C 名	위법(違法)(하)	違法
C 名	위성(衛星)	衛星
B 名	위아래	上下
C 名	위원(委員)	委員
C 名	위원장(委員長)	委員長
C 名	위주(爲主)	主とすること
B 名	위쪽	上の方、上方
B 名	위층(-層)	上の層、上層
B 名	위치(位置)(하)	位置
B 動	위치하다(位置-)	位置する
B 動	위하다(爲-)	〜のためにする
A 名	위험(危險)(하)	危険
C 名	위험성(危險性)[-썽]	危険性
A 形	위험하다(危險-)	危険だ
C 名	위협(威脅)(하)	脅威、威嚇

C 名	윗몸[윈-]	上体
C 名	윗사람[원싸-]	❶目上の人 ❷上役
B 名	유교(儒教)	儒教
B 副	유난히	ひときわ、際だって
C 形	유능하다(有能-)	有能だ
B 名	유럽(Europe)	ヨーロッパ
B 名	유리(琉璃)	ガラス
B 名	유리창(琉璃窓)	ガラス窓
C 形	유리하다(有利-)	有利だ
C 名	유머(humor)	ユーモア、こっけい
B 名	유명(有名)(하)	有名
A 形	유명하다(有名-)	有名だ
C 名	유물(遺物)	遺物
C 動	유발하다(誘發-)	誘発する
C 形	유사하다(類似-)	類似している
C 名	유산(遺産)	遺産
A 名	유월(六月)	六月
C 動	유의하다(留意-)	留意する
C 名	유적(遺跡)	遺跡
C 名	유적지(遺跡地)[-찌]	遺跡地

C 動	유지되다(維持-)	維持される
C 動	유지하다(維持-)	維持する
B 名	유치원(幼稚園)	幼稚園
B 名	유학(留學)(하)	留学
B 名	유학(儒學)	儒学
B 名	유학생(留學生)[-쌩]	留学生
B 名	유행(流行)(하)	流行り、流行
B 動	유행하다(流行-)	流行る、流行する
C 名	유형(類型)	類型
A 数	육(六)	六
C 名	육군(陸軍)[-꾼]	陸軍
C 名	육상(陸上)[-쌍]	陸上
A 数	육십(六十)[-씹]	六十
C 名	육체(肉體)	肉体
C 名	육체적(肉體的)	肉体的
C 副	으레	❶いつも ❷当然 ❸決まって、言うまでもなく
B 感	으응	(友達や目下に対して)うん、ああ、なに

C 名	은(銀)	銀、シルバー
C 形	은은하다(隱隱-)	❶かすかで明らかでない ❷(色彩が)やわらかく品がある
A 名	은행(銀行)	銀行
C 名	은행나무(銀杏-)	銀杏、イチョウ
B 感	음	(うなづくとき)よし、うんー、ふーん、
C 名	음력(陰曆)[-녁]	陰曆
B 名	음료(飮料)[-뇨]	飲料、飲み物
B 名	음료수(飮料水)[-뇨-]	飲料水、飲み物
C 名	음반(音盤)	音盤、レコード
C 名	음성(音聲)	音声
A 名	음식(飮食)	飲食、食べ物
C 名	음식물(飮食物)[-싱-]	飲食物
C 名	음식점(飮食店)[-쩜]	飲食店
A 名	음악(音樂)[으막]	音楽
B 名	음악가(音樂家)[으막까]	音楽家
C 名	음주(飮酒)(하)	飲酒
B 感	응	(返事をするとき)うん、

		なあ、ねえ、ああ
C 動	응답하다(應答-)[-다파-]	応答する
B 名	의견(意見)	意見
A 名	의논(議論)(하)	議論
C 動	의논하다(議論-)	相談する、話し合う
C 名	의도(意圖)(하)	意図
C 名	의도적(意圖的)	意図的
C 名	의류(衣類)	衣類
C 名	의무(義務)	義務
C 名	의문(疑問)	疑問
B 名	의미(意味)(하)	意味
B 動	의미하다(意味-)	意味する
C 名	의복(衣服)	衣服
C 名	의사(意思)	意思
A 名	의사(醫師)	医者、医師
C 名	의식(儀式)	儀式
C 名	의식(意識)(하)	意識
C 動	의식하다(意識-)[-시카-]	意識する
C 名	의심(疑心)(하)	疑心、疑い
B 動	의심하다(疑心-)	疑う

C 副	의외로(意外-)	意外に
C 名	의욕(意欲)	意欲
C 名	의원(議員)	議員
A 名	의자(椅子)	椅子
C 動	의존하다(依存-)	依存する
C 名	의지(意志)	意志
C 動	의지하다(依支-)	頼る、寄りかかる、
B 動	의하다(依-)	❶因る ❷基づく
C 名	의학(醫學)	医学
C 名	이	人
A 名	이	歯
A 代	이	この
A 冠	이	この
A 数	이(二)	二
C 副	이같이[-가치]	このように、こんなに
A 代	이거	これ
A 代	이것[-걷]	これ
B 名	이것저것[-걷-걷]	あれこれ
A 代	이곳[-곧]	ここ
B 名	이곳저곳[-곧-곧]	あっちこっち

B 動	이기다	❶勝つ ❷(病気・痛みに)耐える
C 動	이끌다	❶連れる ❷指導する、率いる、導く
B 名	이날	今日、この日
C 副	이내	❶忽ち、間もなく ❷続けて、ずっと
C 名	이내	以内
C 名	이념	理念
C 代	이놈	このやつ
C 名	이다음	この後、この次
C 名	이달	今月
C 副	이대로	このまま、このように、このとおりに
C 名	이데올로기(독 Ideologie)	イデオロギー
B 名	이동(移動)(하)	移動
C 動	이동하다(移動-)	移動する
B 副	이따가	のちほど、あとで
C 副	이따금	時々、たまに
A 名	이때	この時、今

C	名 이래(以來)	以来
C	副 이러다	こうしていては、このようにしては
B	形 이러하다	このようだ、こんな具合だ
A	冠 이런	このような、こんな
C	冠 이런저런	このようなあのような
B	副 이렇게[-러케]	このように、こんなに、これほど
A	形 이렇다[-러타]	こうだ、このようだ、このとおりだ
C	名 이력서(履歷書)[-써]	履歴書
C	名 이론적(理論的)	理論的
C	形 이롭다(利-)[-따]	有利だ、有益だ
B	動 이루다	❶成す、果たす ❷(仕事を)終える
B	動 이루어지다	❶成す ❷果たす、遂げる
C	動 이룩하다[-루카-]	達成する、成し遂げる
B	動 이뤄지다	成り立つ

C 動 이르다	❶言う、話す ❷言いつける ❸言い聞かせる
B 形 이르다	早い
B 動 이르다	至る、及ぶ、なる
A 名 이름	名前、名
B 副 이리	❶このように、こんなに ❷こっちへ
C 副 이리저리	あちこち
B 名 이마	額
B 名 이모(姨母)	母の姉妹、叔母
B 副 이미	すでに、とうに、もはや、もう
B 名 이미지(image)	イメージ
C 名 이민(移民)(하)	移民
B 名 이발소(理髪所)[-쏘]	床屋
A 名 이번(-番)	今度、今回
C 名 이별(離別)(하)	離別、別れ
A 代 이분	この方
B 名 이불	布団

B 名	이빨	(動物の)歯
B 名	이사(移徙)(하)	引っ越し
C 名	이사장(理事長)	理事長
B 動	이사하다(移徙-)	引っ越す
B 名	이상(理想)	理想
B 名	이상(以上)	以上
B 名	이상(異常)(하)	異常
C 名	이상적(理想的)	理想的
B 形	이상하다(異常-)	変だ、おかしい、奇妙だ
B 名	이성(理性)	理性
C 名	이성(異性)	異性
C 名	이슬	露
A 数	이십(二十)	二十
A 名	이야기(하)	話
A 動	이야기하다	話す、話し合う、語る
C 副	이어	続いて、相次いで
C 副	이어서	続いて、相次いで
C 動	이어지다	つながる、続く
B 名	이외(以外)	以外

B 名	이용(利用)(하)	利用
B 動	이용되다(利用-)	利用される
C 名	이용자(利用者)	利用者
B 動	이용하다(利用-)	利用する
B 名	이웃[-욷]	隣
B 名	이웃집[-욷찝]	隣家
A 名	이월(二月)	二月
B 名	이유(理由)	理由
C 副	이윽고[-꼬]	やがて、間もなく
B 名	이익(利益)	利益
C 名	이자(利子)	利子、利息
B 名	이전(以前)	以前
A 副	이제	今、もうすぐ、これで
A 名	이제	現在、ただいま
C 副	이제야	やっとのことで、今まさに
C 名	이중(二重)	二重
A 代	이쪽	こちら
B 名	이튿날[-튼-]	翌日、あくる日
B 名	이틀	二日、両日

B	名 이하(以下)	以下
C	名 이해(利害)	利害
B	名 이해(理解)(하)	理解
C	名 이해관계(利害關係)	理解関係
C	動 이해되다(理解-)	理解される
A	動 이해하다(理解-)	理解する
B	名 이혼(離婚)(하)	離婚
B	動 이혼하다(離婚-)	離婚する
B	名 이후(以後)	以後
C	形 익다[-따]	❶慣れている ❷なじんでいる ❸癖になっている
B	動 익다[-따]	❶(種・実・穀物の粒などが)実る、熟す ❷(生の物が)煮える ❸味がつく、発効する
B	形 익숙하다[-수카-]	❶慣れている、手慣れている、熟練している ❷親しい
B	動 익숙해지다[-수캐-]	慣れる、慣れてくる

C 動	익히다[이키-]	身につける
C 動	익히다[이키-]	❶煮る、炊く ❷味をつかせる、発酵させる
C 名	인(人)	人
B 名	인간(人間)	人間
C 名	인간관계(人間關係)	人間関係
C 名	인간성(人間性)[-썽]	人間性
C 名	인간적(人間的)	人間的
C 名	인격(人格)	人格
C 名	인공(人工)	人工
B 名	인구(人口)	人口
C 名	인근(隣近)	近隣、隣近所
B 名	인기(人氣)[-끼]	人気
C 名	인도(人道)	人道
C 名	인류(人類)[일-]	人類
C 名	인물(人物)	人物
B 名	인분(人分)	人前
C 名	인사(人事)	人事
A 名	인사(人士)	人士
A 名	인사(人事)(하)	挨拶

B 名	인사말(人事-)	挨拶の言葉
A 動	인사하다(人事-)	挨拶する
B 名	인삼(人蔘)	高麗人参
B 名	인삼차(人蔘茶)	高麗人参茶
B 名	인상(人相)	人相
B 名	인상(印象)	印象
C 名	인상(引上)(하)	引き上げ
C 名	인상적(印象的)	印象的
B 名	인생(人生)	人生
C 名	인쇄(印刷)	印刷
C 名	인식하다(認識-)[-시카-]	認識する
C 名	인연(因緣)[이년]	因縁
B 名	인원(人員)[이눤]	人員
C 名	인재(人材)	人材
C 動	인정되다(認定-)	認定される、認められる
C 動	인정받다(認定-)[-받따]	認定される、認められる
C 動	인정하다(認定-)	認定する、認める
B 名	인제	今

B 副	인제	❶今になって ❷今すぐ ❸もはや、今となっては
C 名	인종(人種)	人種
A 名	인천(仁川)	仁川(インチョン)
B 名	인천공항(仁川空港)	仁川空港
C 名	인체(人體)	人体
B 名	인터넷(internet)	インターネット
B 名	인터뷰(interview)	インタビュー
C 名	인하(引下)(하)	引き下げ
C 動	인하다(因-)	〜による、〜が原因だ
B 名	인형(人形)	人形
A 名	일	仕事
A 数	일(一)	一
A 名	일(日)	日
A 数	일곱	七つ
B 名	일기(日氣)	天気
B 名	일기(日記)	日記
C 副	일단(一旦)[-딴]	いったん、ひとたび、まず

C	冠	일대(一大)[-때]	一大
C	名	일등(一等)[-똥]	一等
B	名	일반(一般)	一般
C	名	일반인(一般人)[-바닌]	一般人
B	名	일반적(一般的)	一般的
A	名	일본(日本)	日本
A	名	일본어(日本語)[-보너]	日本語
B	名	일부(一部)	一部
C	副	일부러	❶わざと、故意に ❷わざわざ
B	名	일상(日常)[-쌍]	日常
B	名	일상생활(日常生活)[-쌍-]	日常生活
C	名	일상적(日常的)[-쌍-]	日常的
C	名	일생(一生)[-쌩]	一生
C	名	일손[-쏜]	仕事の手、人手
C	名	일시적(一時的)[-씨-]	一時的
C	名	일식(日食)[-씩]	日食
C	名	일쑤	❶お決まり ❷しばしば
A	動	일어나다[이러-]	❶生じる、起こる

		❷起きる、立ち上がる
C 動	일어서다[이러-]	❶立つ、立ち上がる
		❷立ち直る
A 名	일요일(日曜日)[이료-]	日曜日
A 名	일월(一月)[이뤌]	一月
B 動	일으키다[이르-]	❶(倒れたものを)起こす ❷(事業などを)興す
C 副	일일이(---)[-리리]	いちいち、ことごとく
C 名	일자(日子)[-짜]	日数
C 名	일자리[-짜-]	職、勤め口
B 名	일정(日程)[-쩡]	日程
C 形	일정하다(一定-)[-쩡-]	一定だ
C 名	일종(一種)[-쫑]	一種
A 名	일주일(一週日)[-쭈-]	一週
A 副	일찍	早く、早めに
C 副	일찍이[-찌기]	❶早く、早めに ❷かつて、以前
C 名	일체(一切)	一切
C 名	일치(一致)(하)	一致

C 動 일치하다(一致-)	一致する
A 動 일하다	仕事をする、働く、勤める
C 名 일행(一行)	一行、同勢
B 名 일회용(一回用)	使い捨て
B 名 일회용품(一回用品)	使い捨ての用品
A 数 일흔	七十
A 動 읽다[익따]	読む
B 動 읽히다[일키-]	読まれる
A 動 잃다[일타]	❶なくす ❷失う ❸(道に)迷う
A 動 잃어버리다[이러-]	なくす、失う
C 名 임금	王、君王
B 名 임금(賃金)	賃金
C 名 임무(任務)	任務
B 名 임시(臨時)	臨時
B 名 임신(妊娠)(하)	妊娠
C 名 임신부(妊娠婦)	妊婦、身持ちの女
C 動 임신하다(妊娠-)	妊娠する
A 名 입	口

B 名	입구(入口)[-꾸]	入り口
C 名	입국(入國)(하)[-꾹]	入国
A 動	입다[-따]	❶着る ❷受ける、負う
C 名	입대(入隊)(하)[-때]	入隊
C 名	입력(入力)(하)[임녁]	入力
C 動	입력하다(入力-)[임녀카-]	入力する
C 名	입맛[임맏]	食欲、くちざわり
C 名	입사(入社)(하)[-싸]	入社
C 動	입사하다(入社-)[-싸-]	入社する
B 名	입술[-쑬]	唇
C 名	입시(入試)[-씨]	入試
B 名	입원(入院)[이붠]	入院
B 動	입원하다(入院-)[이붠-]	入院する
C 名	입장(立場)[-짱]	立場
B 名	입학(入學)(하)[이팍]	入学
B 動	입학하다(入學-)[이파카-]	入学する
C 動	입히다[이피-]	❶(衣服などを)着せる ❷与える、負わせる
C 動	잇다[읻따]	❶結ぶ ❷続ける、次ぐ

C 動	잇따르다[읻-]	引き続く、相次ぐ
A 動	있다[읻따]	ある、いる
A 形	있다[읻따]	〜ている、〜つつある
A 動	잊다[읻따]	忘れる、思い出さない
A 動	잊어버리다[이저-]	忘れる
C 動	잊혀지다[이처-]	忘れられる
A 名	잎[입]	葉

ㅈ

C 名	자	定規、物差し
B 感	자	さあ、さて
C 名	자(字)	字
C 名	자(者)	者
B 名	자가용(自家用)	自家用、マイカー
B 名	자격(資格)	資格
C 名	자격증(資格證)[-쯩]	資格証
C 名	자극(刺戟)(하)	刺激
C 動	자극하다(刺戟-)[-그카-]	刺激する
B 名代	자기(自己)	自己
B 副	자꾸	しきりに、何度も
B 副	자꾸만	しきりに、何度も何度も
C 代	자네	君
C 名	자녀(子女)	子女
A 動	자다	眠る、寝る
B 名	자동(自動)	自動
A 名	자동차(自動車)	自動車

B 動 자라나다	育つ、成長する
B 動 자라다	成長する、育つ
C 名 자랑(하)	自慢
B 形 자랑스럽다[-따]	誇らしい
B 動 자랑하다	誇る、自慢する
B 名 자료(資料)	資料
B 動 자르다	切る、切断する
A 名 자리	敷物
C 名 자리	席
C 名 자매(姉妹)	姉妹
C 名 자부심(自負心)	自負心
C 名 자살(自殺)(하)	自殺
C 動 자살하다(自殺-)	自殺する
C 名 자세(姿勢)	姿勢
C 形 자세하다(仔細-)	詳しい
B 副 자세히(仔細-)	詳しく
B 名 자식(子息)	子息、子供
B 名 자신(自身)	自身
B 名 자신(自信)(하)	自信
C 名 자신감(自信感)	自信

B	名 자연(自然)	自然
B	形 자연스럽다(自然-)[-따]	自然だ
C	名 자연적(自然的)	自然的
C	名 자연현상(自然現象)	自然現象
C	名 자연환경(自然環境)	自然環境
C	副 자연히(自然-)	自然に、ひとりでに
C	名 자원(資源)	資源
B	名 자유(自由)	自由
B	形 자유롭다(自由-)[-따]	自由だ
C	名 자율(自律)	自律
A	名 자장면	ジャージャー麺
A	名 자전거(自轉車)	自転車
C	名 자정(子正)	夜の12時、零時
C	名 자존심(自尊心)	自尊心
A	副 자주	しばしば、たびたび
B	名 자체(自體)	自体
C	名 자취(自炊)(하)	自炊
C	名 자판(字板)	文字版
B	名 자판기(自販機)	自販機
B	名 작가(作家)[-까]	作家

A	名	작년(昨年)[장-]	昨年、去年
A	形	작다[-따]	小さい
C	名	작성(作成)(하)[-썽]	作成
C	動	작성하다(作成-)[-썽-]	作成する
B	動	작아지다[자가-]	小さくなる
C	名	작업(作業)(하)[자겁]	作業
C	名	작용(作用)(하)[자굥]	作用
C	動	작용하다(作用-)[자굥-]	作用する
C	名	작은딸[자근-]	長女でない娘
C	名	작은아들[자근-]	長男でない息子
C	名	작은아버지[자근-]	父の弟、叔父
C	名	작은어머니[자근-]	叔父の妻、叔母
C	名	작품(作品)	作品
A	名	잔(盞)	杯
C	名	잔디	芝
C	名	잔디밭[-받]	芝生
B	副	잔뜩	❶いっぱい、たっぷり ❷ひどく、すっかり
B	名	잔치	祝賀の宴、宴会
A	副	잘	❶よく ❷詳しく、十

ㅈ

305

		分に ❸正しく、美しく
C	形 잘나다[-라-]	❶秀でている、優れている ❷器量がよい
B	動 잘되다	よくできる、うまくいく
C	動 잘리다	❶切られる ❷解雇される
B	名 잘못[-몯]	誤り、間違い、過ち
B	副 잘못[-몯]	❶間違って ❷うっかり
B	動 잘못되다[-몯뙤-]	間違う、誤る
B	動 잘못하다[-모타-]	間違う、誤る
B	動 잘살다	豊かに暮らす、良い暮らしをする
B	形 잘생기다	❶美人だ、ハンサムだ ❷形が整っている
A	動 잘하다	❶うまくやる ❷礼儀正しく行動する
A	名 잠	眠り

C 動	잠그다	❶(鍵などを)かける ❷(戸などを)閉ざす、閉める ❸つける
C 動	잠기다	❶閉まる、閉ざされる ❷(水に)つかる ❸(声が)かれる
A 副	잠깐	暫く、ちょっと
A 名	잠깐	暫くの間
B 動	잠들다	❶寝付く ❷睡眠する
C 名	잠바(jumper)	ジャンバー
C 名	잠수함(潛水艦)	潜水艦
B 名副	잠시(暫時)	暫く、暫くの間
B 名	잠옷[자몯]	寝巻
A 動	잠자다	寝る、眠る
C 名	잠자리	とんぼ
C 名	잠자리[-짜-]	寝床
A 動	잡다[-따]	❶つかむ、握る ❷定める ❸得る
C 動	잡수다[-쑤-]	召し上がる('먹다'の尊敬語)

A 動 잡수시다[-쑤-]	召し上がる('잡수다'の尊敬語)
C 動 잡아당기다[자바-]	引っ張る、引き寄せる、繰り上げる
C 動 잡아먹다[자바-따]	❶捕って食べる ❷(時間・費用などを)必要とする
A 名 잡지(雑誌)[-찌]	雑誌
B 動 잡히다[자피-]	捕えられる、捕まる
B 名 장	腸、章、奨
A 名 장(張)	枚(紙や板などを数える語)
B 名 장가	妻を娶ること
B 名 장갑(掌甲)	手袋
C 名 장관(長官)	長官
B 名 장군(將軍)	将軍
C 名 장기간(長期間)	長期間
C 名 장기적(長期的)	長期的
C 名 장난(하)	❶いたずら、悪ふざけ ❷遊び

B 名	장난감[-깜]	おもちゃ、玩具
B 名	장남(長男)	長男
B 名	장래(將來)[-내]	将来
C 名	장례(葬禮)[-녜]	葬礼、葬儀
C 名	장례식(葬禮式)[-녜-]	葬式
C 名	장르(프 genre)	ジャンル
B 名	장마	梅雨
C 名	장면(場面)	場面
C 名	장모(丈母)	妻の母、義母
C 名	장모님(丈母-)	お母様、お義母さん（'장모'の尊敬語）
A 名	장미(薔薇)	バラ
C 名	장비(裝備)(하)	装備
B 名	장사(하)	商売、商い
C 名	장사꾼	商人
A 名	장소(場所)	場所
C 名	장수	〜屋
C 名	장식(裝飾)(하)	装飾、飾り
C 名	장애(障碍)	障害
C 名	장인(丈人)	妻の父、義父

ㅈ

B	名 장점(長點)[-쩜]	長所
C	名 장차(將次)	今からさっき、将来
B	名 장학금(奬學金)[-끔]	奨学金
C	形 잦다[잗따]	頻繁だ、よくある
C	名 재능(才能)	才能
C	動 재다	❶(高さ・長さ・重さなどを)量る ❷調べてみる ❸詰め込む、差し込む
B	名 재료	材料
A	名 재미(滋味の変形)	おもしろみ
A	形 재미없다(滋味-の変形)[-업따]	❶面白くない、つまらない ❷よろしくない
A	形 재미있다(滋味-の変形)[-읻따]	❶面白い ❷興味がある ❸望ましい
C	形 재밌다[-믿따]	❶面白い ❷興味がある ❸望ましい('재미있다'の縮約形)

C 副	재빨리	素早く、いち早く
B 名	재산(財産)	財産
C 名	재생(再生)(하)	再生
C 名	재수(財數)	財運、縁起
C 動	재우다	❶寝かせる、眠らせる ❷泊める
B 名	재작년(再昨年)[-장-]	一昨年
C 名	재정(財政)	財政
C 名	재주	才
C 名	재즈(jazz)	ジャズ
B 名	재채기	くしゃみ
C 名	재판(裁判)(하)	裁判
C 名	재학(在學)(하)	在学
C 名	재활용(再活用)(하)[-화룡-]	リサイクリング、再生活用
C 名	재활용품(再活用品)[-화룡-]	リサイクリング用品、再生活用品
A 代	저	あの

A 代	저	私（'나'の謙譲語）
A 冠	저	あの
B 感	저	あのう、ええと
A 代	저거	あれ
A 代	저것[-걷]	あれ
A 名	저고리	上着
A 代	저곳[-곧]	あそこ
C 感	저기	あのう
A 代	저기	あそこ
A 名	저녁	夕、夕方
B 名	저녁때	夕方、夕暮れ方
C 副	저러다	あんなにしていて、ああしていると
B 冠	저런	あのような、あんな
B 感	저런	あら、まあ、おや、なんとまあ
B 副	저렇게[-러케]	あのように、あんなに
B 形	저렇다[-러타]	あのようだ
B 副	저리	❶あちらに ❷あのように

C 副	저마다	一人一人、それぞれ
B 名	저번(這番)	この前、せんだって
C 名	저울	秤
B 名	저자(著者)	著者
C 副	저절로	自然に、ひとりでに、おのずと
C 動	저지르다	(罪・過ちなどを)引き起こす、犯す
A 代	저쪽	あちら
B 名	저축(貯蓄)(하)	貯蓄
C 代	저편(-便)	あの方
B 代	저희	私ども
B 名	적(的)	～的
B 名	적(敵)	敵
B 名	적극(積極)[-끅]	積極
B 名	적극적(積極的)[-끅쩍]	積極的
A 形	적다[-따]	❶少ない、わずかだ ❷薄い
A 動	적다[-따]	記す、書き記す、記入する

B 形	적당하다(適當-)[-땅-]	適当だ
B 副	적당히(適當-)[-땅-]	適当に、いいかげんに
C 名	적성(適性)[-썽]	適性
B 副	적어도[저거-]	少なくとも、せめて、いやしくも、仮にも
B 動	적어지다[저거-]	少なくなる、減る
C 名	적용(適用)(하)[저굥]	適用
C 動	적용되다(適用-)[저굥-]	適用される
B 動	적용하다(適用-)[저굥-]	適用する
C 名	적응(適應)(하)[저긍]	適応
C 動	적응하다(適應-)[저긍-]	適応する
C 形	적절하다(適切-)[-쩔-]	適切だ
C 形	적합하다(適合-)[저카파-]	適している、向いている
C 動	적히다[저키-]	書かれる、記される
C 冠	전(全)	全〜
A 名	전(前)	前、この前、以前
A 冠	전(前)	前〜
C 名	전개(展開)(하)	展開
C 動	전개되다(展開-)	展開される

C 動	전개하다(展開-)	展開する
B 名	전공(專攻)(하)	専攻
C 動	전공하다(專攻-)	専攻する
C 名	전구(電球)	電球
B 名	전국(全國)	全国
C 名	전국적(全國的)[-쩍]	全国的
B 名	전기(電氣)	電気
C 名	전기(前期)	前期
C 名	전기(傳記)	伝記
B 名	전기밥솥(電氣)[-쏟]	電気釜、炊飯器
B 名	전날(前-)	前日、前の日
C 名	전달(傳達)(하)	伝達
C 動	전달되다(傳達-)	伝達される
B 動	전달하다(傳達-)	伝達する
B 名	전라도(全羅道)[절-]	全羅道(チョルラド)
C 名	전망(展望)(하)	展望
C 動	전망하다(展望-)	展望する
B 名	전문(專門)	専門
B 名	전문가(專門家)	専門家
C 名	전문적(專門的)	専門的

C 名 전문점(專門店)	専門店
C 名 전문직(專門職)	専門職
C 名 전반(全般)	全般
C 名 전반적(全般的)	全般的
B 名 전부(全部)	全部
B 副 전부(全部)	全部
C 名 전선(戰線)	戦線
C 名 전설(傳說)	伝説
C 名 전세(傳貰)	一定の期間不動産を借りること
C 名 전시(展示)(하)	展示
C 動 전시되다(展示-)	展示される
C 名 전시장(展示場)	展示場
C 動 전시하다(展示-)	展示する
C 名 전시회(展示會)	展示会
C 名 전용(專用)[저뇽]	専用
B 名 전자(電子)	電子
B 名 전쟁(戰爭)(하)	戦争
C 名 전주(全州)	全州(チョンジュ)
B 名 전철(電鐵)	電車

B 名	전체(全體)	全体
B 名	전체적(全體的)	全体的
B 名	전통(傳統)	伝統
C 名	전통문화(傳統文化)	伝統文化
B 名	전통적(傳統的)	伝統的
B 動	전하다(傳-)	❶伝える、知らせる ❷教わる ❸渡す
B 動	전해지다(傳-)	伝わる、伝えられる
B 副	전혀(全-)	まったく、全然、少しも
A 名	전화(電話)(하)	電話
B 名	전화기(電話機)	電話機、受話器
A 名	전화번호(電話番號)	電話番号
A 動	전화하다(電話-)	電話する、電話をかける
C 名	전환(轉換)(하)	転換
C 動	전환하다(轉換-)	転換する
C 名	전후(前後)(하)	前後
B 名	절	お寺
B 名	절	お辞儀、会釈

C	名 절(節)	節
B	副 절대(絶對)[-때]	絶対
B	名 절대(絶對)[-때]	絶対
B	副 절대로(絶對-)[-때-]	絶対に、決して
C	名 절대적(絶對的)[-때-]	絶対的
C	名 절망(絶望)(하)	絶望
B	名 절반(折半)(하)	折半
C	名 절약(節約)(하)[저략]	節約
B	動 절약하다(節約-)[저랴카-]	節約する
C	名 절차(節次)	順序と方法、手順
B	形 젊다[점따]	若い
B	名 젊은이[절므니]	若者
C	名 젊음[절음]	若さ
B	名 점(點)	点
B	名 점(點)	～点(成績を表す語)
C	名 점검(點檢)(하)	点検
B	名 점수(點數)[-쑤]	点数
A	名 점심(點心)	お昼、昼食
B	名 점심때(點心-)	昼ごろ、昼食の時
A	名 점심시간(點心時間)	昼食の時間

B	名	점원(店員)[저원]	店員
C	形	점잖다[-잔타]	行儀がよい、おとなしい、品がある
B	副	점점(漸漸)	だんだんと、徐々に、次第に、ますます
B	副	점차(漸次)	だんだん、次第に
C	名	접근(接近)(하)[-끈-]	接近
C	動	접근하다(接近-)[-끈-]	接近する
C	動	접다[-따]	❶折る、たたむ ❷(自分の考えを)ひっこめる
B	名	접시[-씨]	皿
C	名	접촉(接觸)(하)	接触
C	動	접하다(接-)[저파-]	❶接する ❷触れる
A	名	젓가락[전까-]	箸
B	動	젓다[전따]	❶振る ❷かき混ぜる
B	名	정(情)	情
B	名	정거장(停車場)	停車場
C	名	정기(定期)	定期
C	名	정기적(定期的)	定期的

B 名	정답(正答)	正答、正解
C 名	정당(政黨)	政党
B 名	정도(程度)	程度
A 名	정류장(停留場)[-뉴-]	停留場、乗り場
B 名	정리(整理)(하)[-니]	整理
C 動	정리되다(整理-)[-니-]	整理される
B 動	정리하다(整理-)[-니-]	整理する
B 名	정말(正-)	本当、真実、まこと
B 感	정말(正-)	本当に
B 副	정말(正-)	本当に、まことに
B 副	정말로(正-)	本当に、まことに、実際
C 名	정면(正面)	正面
B 名	정문(正門)	正門
C 名	정반대(正反對)	正反対
B 名	정보(情報)	情報
C 名	정보화(情報化)	情報化
C 名	정부(政府)	政府
C 名	정비(整備)(하)	整備
B 名	정상(頂上)	頂上

C	名	정상(正常)	正常
C	名	정상적(正常的)	正常的
C	名	정성(精誠)	誠意、真心
B	名	정식(正式)	正式
B	名	정신(精神)	精神
C	名	정신과(精神科)[-꽈]	精神科
C	副	정신없이(精神-)[-시넙시]	我を忘れて、無我夢中で
B	名	정신적(精神的)	精神的
C	名	정오(正午)	正午
B	名	정원(庭園)	庭園、庭
C	名	정장(正裝)	正装
C	名	정지(停止)(하)	停止
C	形	정직하다(正直-)[-지카-]	正直だ
B	名	정치(政治)(하)	政治
C	名	정치권(政治權)[-꿘]	政治権
C	名	정치인(政治人)	政治家
B	名	정치적(政治的)	政治的
C	名	정치학(政治學)	政治学
B	動	정하다(定-)	定める、決める

B 動	정해지다(定-)	定まる、決まる、決められる
B 形	정확하다(正確-)[-화카-]	正確だ
B 副	정확히(正確-)[-화키]	正確に
C 名	젖[전]	乳、母乳
B 動	젖다[전따]	❶濡れる、湿る ❷(ある状態に)浸る、染まる
C 動	제거하다(除去-)	除去する
C 名	제공(提供)(하)	提供
B 動	제공하다(提供-)	提供する
C 名	제과점(製菓店)	ベーカリー
B 副	제대로	❶思い通りに ❷ろくに、満足に ❸ちゃんと、よく
C 動	제대하다(除隊-)	除隊する
C 名	제도적(制度的)	制度的
B 名	제목(題目)	題目
B 副	제발	なにとぞ、どうか、頼むから

B 副	제법	なかなか、案外、かなり、だいぶ、相当
C 名	제비	❶つばめ ❷くじ
C 名	제사(祭祀)	祭祀
C 名	제삿날(祭祀-)[-산-]	祭日、忌日
C 名	제시(提示)(하)	提示
C 動	제시되다(提示-)	提示される
C 動	제시하다(提示-)	提示する
C 名	제안(提案)(하)	提案
C 動	제안하다(提案-)	提案する
C 名	제약(制約)(하)	制約
C 動	제외되다(除外-)	除外される
C 動	제외하다(除外-)	除外する
C 名	제의(提議)[-이]	提議
C 動	제의하다(提議-)(하)[-이-]	提議する
A 名	제일(第一)	第一
C 名	제자(弟子)	弟子
C 名	제자리	元の場所
C 名	제작(製作)(하)	制作

C 動	제작하다(製作-)[-자카-]	製作する
A 名	제주도(濟州島)	済州島(チェジュド)
C 名	제출(提出)(하)	提出
B 動	제출하다(提出-)	提出する
B 名	제품(製品)	製品
B 名	제한(制限)(하)	制限
C 動	제한되다(制限-)	制限される
C 動	제한하다(制限-)	制限する
C 名	조(條)	条
C 名	조(組)	組
C 名	조(組)	～組
C 名	조각	切れ端
B 名	조각(彫刻)(하)	彫刻
C 名	조개	貝
B 名	조건(條件)[-껀]	条件
C 形	조그마하다	やや小さい
B 形	조그맣다[-마타]	やや小さい('조그마하다'の縮約形)
A 副	조금	少し、ちょっと、わずかに

A	名 조금	ちょっと、わずか
B	副 조금씩	少しずつ
C	名 조기(早期)	早期
C	名 조깅(jogging)(하)	ジョギング
C	動 조르다	❶締める、絞める ❷せがむ、ねだる
C	名 조명(照明)	照明
C	名 조미료(調味料)	調味料
B	名 조사(調査)(하)	調査
B	動 조사하다(調査-)	調査する、調べる
B	名 조상(祖上)	祖先、先祖
C	名 조선(朝鮮)	朝鮮
B	形 조심스럽다(操心-)[-따]	用心深い、つつましい、控えめだ
B	動 조심하다(操心-)	用心する、気をつける
A	形 조용하다(從容-の変形)	❶静かだ ❷(言動や性格などが)穏やかだ、落ち着いている
B	副 조용히	静かに
C	名 조절(調節)(하)	調節

C 動 조절하다(調節-)	調節する
C 名 조정(調整)(하)	調整
C 動 조정하다(調整-)	調整する
C 名 조직(組織)(하)	組織
B 名 조카	甥、姪
C 動 조화되다(調和-)	調和する
C 動 존경하다(尊敬-)	尊敬する
B 名 존댓말(尊待-)[-댄-]	丁寧語
C 名 존재(存在)(하)	存在
C 動 존재하다(存在-)	存在する
C 動 존중하다(尊重-)	尊重する
B 動 졸다	居眠りする、うとうとする
C 動 졸리다	締められる、締めつけられる
C 動 졸리다	眠い、眠たい
A 名 졸업(卒業)(하)[조럽]	卒業
B 名 졸업생(卒業生)[조럽쌩]	卒業生
A 動 졸업하다(卒業-)[조러파-]	卒業する
C 名 졸음[조름]	眠気

A 副 좀	❶少し、ちょっと ❷しばらく
B 形 좁다[-따]	狭い
C 動 좁히다[조피-]	❶狭くする ❷縮める
B 名 종(種)	種
C 名 종(鐘)	鐘
B 名 종교(宗教)	宗教
C 名 종교적(宗教的)	宗教的
B 名 종로(鍾路)[-노]	鍾路(チョンノ)
B 名 종류(種類)[-뉴]	種類
C 名 종소리(鐘-)[-쏘-]	鐘の音
B 名 종업원(從業員)[-어붠]	従業員
A 名 종이	紙
B 名 종이컵(-cup)	紙コップ
B 名 종일(終日)	終日、一日中
C 副 종종(種種)	時々、たびたび、しばしば、ひょいひょい
B 名 종합(綜合)	総合
C 動 종합하다(綜合-)[-하파-]	総合する
A 形 좋다[조타]	よい、好きだ

C	感 좋아[조-]	よろしい、よし、ようし、結構だ、いいぞ
B	動 좋아지다[조-]	❶よくなる ❷好きになる
A	動 좋아하다[조-]	❶喜ぶ ❷好きだ、好む
B	名 좌석(座席)	座席
C	名 좌우(左右)	左右
C	名 죄(罪)	罪
A	形 죄송하다(罪悚-)	申し訳ない、すまない
C	名 죄인(罪人)	罪人
C	名 주(主)	主
A	名 주(週)	週
A	名 주(週)	～週
C	名 주거(住居)(하)	住居
C	動 주고받다[-따]	❶やり取りする ❷取り交わす
C	名 주관적(主觀的)	主観的
C	名 주년(周年)	周年
A	補 주다	～してやる、～してくれる

A 動 주다	❶与える、やる、くれる ❷供給する ❸(力を)入れる
B 副 주로(主-)	主に、主として
C 名 주름	しわ
C 名 주름살[-쌀]	しわ、しわの筋
A 名 주말(週末)	週末
B 名 주머니	懐、ポケット
B 名 주먹	こぶし
B 動 주무시다	お休みになる('자다'の尊敬語)
C 名 주문(呪文)	呪文
C 名 주문(注文)(하)	注文
B 動 주문하다(注文-)	注文する
C 名 주민(住民)	住民
C 名 주방(廚房)	厨房
B 名 주변(周邊)	周辺
B 名 주부(主婦)	主婦
B 名 주사(注射)(하)	注射
A 名 주소(住所)	住所、アドレス

A 名 주스(juice)	ジュース
C 名 주식(株式)	株式
C 動 주어지다	❶与えられる
	❷提示される
B 名 주요(主要)(하)	主要
C 形 주요하다(主要-)	主要だ
B 名 주위(周圍)	周囲
C 名 주의(注意)(하)[-이]	注意
C 動 주의하다(注意-)[-이-]	注意する
A 名 주인(主人)	主人
B 名 주인공(主人公)	主人公
C 名 주일(週日)	週日
C 名 주장(主張)(하)	主張
B 動 주장하다(主張-)	主張する
C 動 주저앉다[-안따]	❶座り込む
	❷崩れる、つぶれる
	❸中途でやめる
C 名 주전자(酒煎子)	やかん
B 名 주제(主題)	主題
B 名 주차(駐車)(하)	駐車

B 名	주차장(駐車場)	駐車場
B 動	주차하다(駐車-)	駐車する
B 名	주택(住宅)	住宅
C 名	주한(駐韓)	駐韓、在韓
C 副	죽	❶まっすぐに、ずっと ❷ざっと、さっと ❸ぐるりと、ぐるっと
B 名	죽(粥)	粥、おかゆ
B 補	죽다[-따]	～てたまらない
A 動	죽다[-따]	死ぬ
B 名	죽음[주금]	死
B 動	죽이다[주기-]	殺す
A 名	준비(準備)(하)	準備
B 動	준비되다(準備-)	用意する、準備される
B 名	준비물(準備物)	準備物
A 動	준비하다(準備-)	準備する
B 名	줄	❶綱、紐 ❷列、行列 ❸結びつき、縁故
B 名	줄	すべ、仕方、こと
C 名	줄거리	大筋、あらまし

C 副	줄곧	絶えず、ひっきりなしに、ずっと
B 名	줄기	幹、つる
B 動	줄다	減る、減少する、縮む
B 名	줄무늬	縞模様、縞
C 動	줄어들다[주러-]	次第に減る、少なくなる、縮む
B 動	줄이다[주리-]	減らす、減少させる
B 動	줍다[-따]	拾う、選び取る
B 名	중(中)	中
B 名	중간(中間)	中間
C 名	중계방송(中繼放送)[-게-]	中継放送
A 名	중국(中國)	中国
A 名	중국어(中國語)[-구거]	中国語
B 名	중국집(中國-)[-찝]	中華料理店
C 名	중년(中年)	中年
C 名	중단(中斷)(하)	中断
C 動	중단되다(中斷-)	中断される
C 動	중단하다(中斷-)	中断する
C 形	중대하다(重大-)	重大だ

C 名 중독(中毒)	中毒
C 名 중반(中盤)	中盤
C 名 중부(中部)	中部
C 名 중세(中世)	中世
C 名 중소기업(中小企業)	中小企業
C 名 중순(中旬)	中旬
C 名 중식(中食)	昼食、昼御飯
B 名 중심(中心)	中心
C 名 중심지(中心地)	中心地
C 名 중앙(中央)	中央
C 動 중얼거리다	ぶつぶつつぶやく、しきりに独り言を言う
B 名 중요(重要)(하)	重要
B 名 중요성(重要性)[-썽]	重要性
C 動 중요시하다(重要視-)	重要視する
A 形 중요하다(重要-)	重要だ
A 名 중학교(中學校)[-꾜]	中学校
A 名 중학생(中學生)[-쌩]	中学生
B 名 쥐	鼠
B 動 쥐다	❶握る、つかむ

		❷ 掌握する
B	副 즉(卽)	すなわち、つまり
C	名 즉석(卽席)[-썩]	即座
B	名 즉시(卽時)[-씨]	即時、すぐ、ただちに
B	名 즐거움	楽しさ
B	動 즐거워하다	楽しそうにする、うれしがる、喜ぶ
A	形 즐겁다[-따]	楽しい、愉快だ、快い
B	動 즐기다	楽しむ、興ずる、たしなむ、好む
C	名 증가(增加)(하)	増加
C	動 증가하다(增加-)	増加する
C	名 증거(證據)	証拠
C	名 증권(證券)[-꿘]	証券
C	名 증권사(證券社)[-꿘-]	証券会社
C	動 증명하다(證明-)	証明する
B	名 증상(症狀)	症状
B	名 증세(症勢)	病勢、症状
B	名 지	～(して)から、～(して)以来

C 名	지각(知覺)(하)	知覚
A 名	지갑(紙匣)	財布
C 形	지겹다[-따]	うんざりしている、飽き飽きしている、退屈だ
C 名	지경(地境)	立場、羽目
B 名	지구(地球)	地球
B 名	지구(地區)	地区
C 副	지극히(至極-)[-그키]	この上なく、限りなく
A 名副	지금(只今)	今、只今
C 副	지금껏(只今-)[-껃]	今まで
C 名	지급(支給)(하)	支給
C 動	지급하다(支給-)[-그파-]	支給する
B 動	지나가다	過ぎる、通り過ぎる
B 動	지나다	過ぎる、経過する、経つ
B 形	지나치다	度を越している
B 動	지나치다	行き過ぎる、通りすぎる
C 名	지난날	過ぎし日、以前

A 名	지난달	先月
B 名	지난번(-番)	この間、先日
A 名	지난주(-週)	先週
A 名	지난해	去年、昨年
A 動	지내다	過ごす、暮らす
A 名	지능(知能)	知能
A 動	지니다	❶身につける、持つ ❷保つ、保存する ❸(人格などを)備える
A 動	지다	背負う、かつぐ
A 動	지다	負ける、敗れる
A 動	지다	散る、落ちる
A 動	지다	(ある現象・状態に)なる
A 名	지대(地帶)	地帯
A 名	지도(地圖)	地図
A 名	지도(指導)(하)	指導
A 名	지도자(指導者)	指導者
A 動	지도하다(指導-)	指導する
A 形	지루하다	退屈だ、あきあきしている

A	動 지르다	❶ 突く、差す
		❷ (憤りを)起こらせる
		❸ (声を)張り上げる
C	名 지름길[-낄]	近道
C	名 지리산(智異山)	智異山(チリサン)
B	名 지방(地方)	地方
C	名 지방(脂肪)	脂肪
C	動 지배하다(支配-)	支配する
C	動 지불하다(支拂-)	支出する
B	名 지붕	屋根
C	動 지속되다(持續-)	持続する
C	名 지속적(持續的)[-쩍]	持続的
C	名 지시(指示)(하)	指示
C	動 지시하다(指示-)	指示する
C	名 지식(知識)	知識
C	名 지식인(知識人)[-시긴!]	知識人
B	名 지역(地域)	地域
A	名 지우개	消ゴム
A	動 지우다	消す、なくす
C	動 지우다	負わす、背負わす

C 動	지워지다	消される、消える
C 名	지원(支援)(하)	支援
C 動	지원하다(支援-)	支援する
C 名	지위(地位)	地位
C 形	지저분하다	きたならしい、みだらだ
C 名	지적(指摘)	指摘
C 名	지적(知的)[-쩍]	知的
C 動	지적되다(指摘-)	指摘される
C 動	지적하다(指摘-)	指摘する
B 名	지점(地點)	地点
C 名	지점(支店)	支点
C 名	지지(支持)(하)	支持
C 名	지진(地震)	地震
C 名	지출(支出)(하)	支出
C 動	지치다	疲れる、くたびれる
C 動	지켜보다	❶見守る ❷世話する
B 動	지키다	❶守る、保護する ❷保つ、維持する
C 名	지폐(紙幣)	紙幣

A 名	지하(地下)	地下
B 名	지하도(地下道)	地下道
A 名	지하철(地下鐵)	地下鉄
C 名	지혜(智慧)	知恵
C 名	직선(直線)[-썬]	直線
B 名	직업(職業)[지겁]	職業
B 名	직원(職員)[지권]	職員
B 名	직장(職場)[-짱]	職場
C 名	직장인(職場人)[-짱-]	職業を持っている人
C 名	직전(直前)[-쩐]	直前
B 名副	직접(直接)[-쩝]	直接
C 名	직접적(直接的)[-쩝쩍]	直接的
C 名	직후(直後)[지쿠]	直後
C 名	진급(進級)(하)	進級、昇進
C 名	진단(診斷)(하)	診断
C 動	진단하다(診斷-)	診断する
B 名	진달래	つつじ
C 名	진동(振動)(하)	振動
C 名	진로(進路)[질-]	進路
C 名	진료(診療)(하)[질-]	診療

ㅈ

C 名	진리(眞理)[질-]	真理
C 名	진실(眞實)(하)	真実、本当、まこと
C 副	진실로(眞實-)	まことに、真に
C 形	진실하다(眞實-)	真実だ
C 名	진심(眞心)	真心、本気
C 形	진지하다(眞摯-)	真摯だ、真剣だ
B 副	진짜(眞-)	本当に
B 名	진짜(眞-)	本物、本当
C 名	진찰(診察)(하)	診察
B 名	진출(進出)(하)	進出
C 動	진출하다(進出-)	進出する
C 名	진통(陣痛)	陣痛
B 形	진하다(津-)	❶(濃度が)濃い ❷(においが)強い
C 名	진행(進行)(하)	進行
B 動	진행되다(進行-)	進行する、進められる
C 名	진행자(進行者)	進行者、進行する人
B 動	진행하다(進行-)	進行する、進める
B 名	질(質)	質
A 名	질문(質問)(하)	質問

A 動	질문하다(質問-)	質問する
C 名	질병(疾病)	疾病、やまい
B 名	질서(秩序)[-써]	秩序
C 名	질적(質的)[-쩍]	質的
B 名	짐	荷、荷物
C 名	짐작(斟酌)(하)	推し量ること、推測
C 動	짐작하다(斟酌-)[-자카-]	推し量る、推測する
A 名	집	家
B 動	집다[-따]	❶つまむ、持つ ❷拾う
C 名	집단(集團)[-딴]	集団
C 名	집단적(集團的)[-딴-]	集団的
B 名	집안[지반]	❶家族、身内 ❷家柄 ❸家庭
C 名	집안일[지반닐]	家事
C 動	집어넣다[지버너타]	❶入れる、注入する、差し込む ❷繰り込む
B 名	집중(集中)(하)[-쭝]	集中
C 動	집중되다(集中-)[-쭝-]	集中する
C 名	집중적(集中的)[-쭝-]	集中的

C 動	집중하다(集中-)[-쫑-]	集中する
B 名	짓[짇]	行動、こと
B 動	짓다[짇따]	❶つくる、建てる ❷(名前を)つける ❸表す、浮かべる
B 形	짙다[짇따]	濃い
C 動	짚다[집따]	❶(杖などを)つく ❷(脈を)取る ❸指摘する ❹推し量る
A 形	짜다	❶塩辛い、しょっぱい ❷(評価・採点などが)辛い ❸けちだ、けちくさい
C 動	짜다	❶組む、組み立てる ❷絞る
C 動	짜다	織る、編む
B 名	짜증	はらをたてること、苛立ち
C 形	짜증스럽다[-따]	嫌気が差す、うんざりする

C 名 짝		❶組の一方 ❷果物を詰めた箱を数える単位
A 形 짧다[짤따]		短い
B 動 짧아지다[짤바-]		短くなる
C 動 쩔쩔매다		❶あわてふためく ❷途方に暮れる ❸てんてこまいする
A 名 쪽		かけら
B 名 쪽		ページ
C 名 쪽		方向、向き、方、側
C 動 쫓겨나다[쫃껴-]		追い出される、追われる
C 動 쫓기다[쫃끼-]		❶追われる ❷(仕事などに)追い回される
C 動 쫓다[쫃따]		❶追う、追いかける ❷追い出す、追い払う
C 副 쭉		❶(一列に並んでいる様子)ずらりと、ずっと ❷(紙や布を一気に

		引き裂く様子)びりっと
A	名 찌개	鍋物、チゲ
C	名 찌꺼기	残り物、くず、かす
B	動 찌다	太る、肥える
C	動 찌다	蒸す
B	動 찌르다	刺す、突く
A	動 찍다[-따]	❶とる、うつす ❷(はんこなどを)押す、突く ❸刷る、印刷する
C	動 찍히다[찌키-]	❶とられる ❷(はんこなどが)押される ❸刷られる
C	動 찢다[찓따]	破る、裂く
C	動 찢어지다[찌저-]	破れる、裂ける

ㅊ

A 名	차(茶)	茶
A 名	차(車)	車
C 名	차(差)	差
C 名	차(次)	❶(何かを)するとき ❷(何かを)するついでに
B 形	차갑다[-따]	❶(温度が)冷たい ❷(人情が)冷たい、冷淡だ
B 名	차남	次男
B 動	차다	蹴る
B 形	차다	冷たい、気温が低い、肌寒い
C 動	차다	(身に)つける
C 動	차다	❶いっぱいになる ❷決められた数に達する
C 副	차라리	むしろ、かえって

C 名	차량(車輛)	車両
B 名	차례(次例)	順序、順番
B 動	차리다	❶準備する、整える ❷構える、設ける
C 名	차림	姿、なり
C 副	차마	とても、とうてい
C 名	차별(差別)(하)	差別
C 名	차선(車線)	車線
B 名	차이(差異)	差、違い
C 名	차이점(差異點)[-쩜]	違うところ
C 副	차차(次次)	❶だんだん、次第に ❷そのうちに、おいおい
C 名	차창(車窓)	車窓
C 副	차츰	だんだんと、次第次第に、おいおい
C 名	착각(錯覺)[-깍]	錯覚
C 動	착각하다(錯覺-)[-까카-]	錯覚する
B 形	착하다[차카-]	正しくてよい、善良だ、おとなしい

B 名	찬물	冷や水、お冷や
C 名	찬성(贊成)(하)	賛成
C 動	찬성하다(贊成-)	賛成する
A 副	참	本当に、まことに、とても
B 感	참	(まったく忘れていたことを突然思い出した時)あっ、そうだ
C 名	참	誠、真実
C 名	참가(參加)(하)	参加
B 動	참가하다(參加-)	参加する
C 動	참고하다(參考-)	参考する
B 名	참기름	胡麻油
B 動	참다[-따]	我慢する、こらえる
C 形	참되다	誠だ、誠実だ、正しい
C 名	참새	雀
C 名	참석(參席)(하)	参席
C 名	참석자(參席者)	参席者
B 動	참석하다(參席-)[-서카-]	参席する
C 名	참여(參與)(하)[차며]	参与

C 動	참여하다(參與-)[차며-]	参与する、参加する
C 名	참외[차뫼]	うり
C 副	참으로[차므-]	本当に、まことに、実に
C 名	참조(參照)(하)	参照
B 名	찻잔(茶盞)[찯짠]	茶碗
C 名	창(窓)	窓
C 名	창가(窓-)[-까]	窓際
B 名	창고(倉庫)[-꼬]	倉庫
C 名	창구(窓口)	窓口
A 名	창문(窓門)	窓
B 名	창밖(窓-)[-박]	窓の外
C 名	창작(創作)(하)	創作
C 名	창조(創造)(하)	創造
C 名	창조적(創造的)	創造的
C 動	창조하다(創造-)	創造する
C 形	창피하다(猖披-)	恥ずかしい、見苦しい、みっともない
A 動	찾다[찯따]	❶探す、探し求める ❷取りもどす

B 動	찾아가다 [차자-]	会いに行く、訪問する
B 動	찾아내다 [차자-]	見つける、探し出す
C 動	찾아다니다 [차자-]	探し回る
B 動	찾아보다 [차자-]	❶探してみる ❷訪れる
B 動	찾아오다 [차자-]	❶訪ねてくる ❷取り戻して来る
C 名	채	～(の)まま、～なり
C 名	채	❶棟、軒 ❷台 ❸(布団を数える時)枚
C 副	채	まだ、いまだ
B 名	채널(channel)	チャンネル
B 名	채소(菜蔬)	野菜
B 動	채우다	❶身につけさせる ❷満たす、詰める ❸補う
C 名	채점(採點) [-쩜]	採点
A 名	책(冊)	本
B 名	책가방(冊-) [-까-]	かばん
B 名	책방(冊房) [-빵]	本屋

A 名	책상(冊床)[-쌍]	机
B 名	책임(責任)[채김]	責任
C 名	책임감(責任感)[채김-]	責任感
B 名	책임자(責任者)[채김-]	責任者
C 動	책임지다[채김-]	責任を負う
B 名	챔피언(champion)	チャンピオン
B 動	챙기다	取りまとめる
C 名	처녀(處女)	処女
C 名	처리(處理)(하)	処理
C 名	처벌(處罰)(하)	処罰
A 名	처음(初次)	初め
C 名	처지(處地)	立場、身分
C 名	척	態度、ふり
C 名	척(隻)	隻
C 補	척하다[처카-]	(〜する、〜した)ふりをする
C 名	천	布
A 数	천(千)	千
A 冠	천(千)	千
C 名	천국(天國)	天国

C 名 천둥	雷	
C 名 천장(天障)	天井	
C 名 천재(天才)	天才	
A 副 천천히	ゆっくりと、徐々に	
B 名 철	物心	
C 名 철	旬	
C 名 철(鐵)	鉄	
C 名 철도(鐵道)[-또]	鉄道	
C 形 철저하다(徹底-)[-쩌-]	徹底している	
C 副 철저히(徹底-)[-쩌-]	徹底的に	
C 名 철학(哲學)	哲学	
C 名 철학자(哲學者)[-짜]	哲学者	
C 名 철학적(哲學的)[-쩍]	哲学的	
B 冠 첫[천]	初めての、最初の	
B 名 첫날[천-]	初日	
A 冠数 첫째[천-]	一番目、第一	
B 名 청년(青年)	青年	
A 名 청바지(青-)	青ズボン、ジーパン	
A 名 청소(清掃)(하)	掃除	
B 名 청소기(清掃機)	掃除機	

B 名	청소년(靑少年)	青少年
A 動	청소하다(淸掃-)	掃除する
C 名	청춘(靑春)	青春
C 動	청하다(請-)	❶請う、求める ❷招く、呼ぶ
C 名	체계적(體系的)[-게-]	体系的
C 名	체력(體力)	体力
C 名	체온(體溫)	体温
B 名	체육(體育)	体育
C 名	체육관(體育館)[-꽌]	体育館
C 名	체조(體操)(하)	体操
B 名	체중(體重)	体重
C 補	체하다	(〜する、〜した)ふりをする
C 名	체험(體驗)(하)	体験
C 動	체험하다(體驗-)	体験する
B 動	쳐다보다	見上げる、仰ぎ見る、見つめる
B 名	초(初)	初
B 名	초(秒)	秒

C 名	초기(初期)	初期
C 名	초대(初代)	初代
A 名	초대(招待)(하)	招待
A 動	초대하다(招待-)	招待する
A 名	초등학교(初等學校)[-꾜]	小学校
C 名	초등학생(初等學生)[-쌩]	小学生
B 名	초록색(草綠色)[-쌕]	緑色
C 名	초반(初盤)	序盤
B 名	초밥(醋-)	寿司
B 名	초보(初步)	初歩
B 名	초보자(初步者)	初歩者
C 名	초상화(肖像畵)	肖像画
C 名	초순(初旬)	初旬、上旬
C 名	초여름(初-)	初夏
C 名	초원(草原)	草原
C 名	초저녁(初-)	夕暮れ
C 名	초점(焦點)[-쩜]	焦点
C 形	초조하다(焦燥-)	いらいらしている、いらだっている
C 名	초청(招請)(하)	招請、招待

ㅊ

B 名	초청장(招請狀)[-짱]	招待状
C 動	초청하다(招請-)	招請する
A 名	초콜릿(chocolate)[-릳]	チョコレート
C 形	촌스럽다(村-)[-쓰-따]	田舎くさい、やぼったい
C 名	촛불[촏뿔]	ろうそくの火
C 冠	총(總)	総
C 名	총(銃)	銃
C 名	총각(總角)	未婚の男
C 名	총리(總理)[-니]	総理
B 名	총장(總長)	総長
B 名	촬영(撮影)(하)	撮影
B 名	최고(最高)	最高
C 名	최고급(最高級)	最高級
B 名	최근(最近)	最近
B 名	최대(最大)	最大
C 名	최대한(最大限)	最大限
C 名	최상(最上)	最上
B 名	최선(最善)	最善
C 名	최소(最小)	最小

B 名	최소한(最小限)	最小限
C 名	최신(最新)	最新
C 名	최악(最惡)	最悪
C 名	최저(最低)	最低
C 名	최종(最終)	最終
B 名	최초(最初)	最初
C 名	최후(最後)	最後
C 名	추가(追加)(하)	追加
C 動	추가되다(追加-)	追加される
C 動	추가하다(追加-)	追加する
A 動	추다	踊る、舞う
C 名	추석(秋夕)	中秋、チュソク
B 名	추억(追憶)(하)	追憶、思い出
B 名	추위	寒さ
C 名	추진(推進)(하)	推進
C 動	추진하다(推進-)	推進する
C 名	추천(推薦)(하)	推薦
C 動	추천하다(推薦-)	推薦する
C 名	추측(推測)(하)	推測
A 名	축구(蹴球)(하)[-꾸]	サッカー

B	名 축구공(蹴球-)[-꾸-]	サッカーボール
C	名 축구장(蹴球場)[-꾸-]	サッカー競技場
C	名 축소(縮小)(하)[-쏘]	縮小
B	名 축제(祝祭)[-쩨]	祝祭、祭り
B	名 축하(祝賀)(하)[추카]	祝賀、祝
A	動 축하하다(祝賀-)[추카-]	祝う
B	名 출구(出口)	出口
C	名 출국(出國)(하)	出国
B	名 출근(出勤)(하)	出勤
B	動 출근하다(出勤-)	出勤する
B	名 출발(出發)(하)	出発
C	名 출발점(出發點)[-쩜]	出発点
A	動 출발하다(出發-)	出発する
C	名 출산(出産)(하)[-싼]	出産
C	動 출석하다(出席-)[-써카-]	出席する
C	名 출신(出身)[-씬]	出身
C	名 출연(出演)(하)[추련]	出演
B	動 출연하다(出演-)[추련-]	出演する
B	名 출입(出入)[추립]	❶出入、出入り ❷外出

C 名	출입국(出入國)[추립꾹]	出入国
B 名	출입문(出入門)[추림-]	出入門
B 名	출장(出張)(하)[-짱]	出張
C 名	출퇴근(出退勤)(하)	出勤と退勤
C 名	출판(出版)(하)	出版
C 名	출판사(出版社)	出版社
C 動	출현하다(出現-)	出現する
A 名	춤	踊り
A 動	춤추다	踊る、舞う
A 形	춥다[-따]	寒い
B 名	충격(衝擊)	衝撃
C 名	충격적(衝擊的)[-쩍]	衝撃的
C 名	충고(忠告)(하)	忠告
C 名	충돌(衝突)(하)	衝突
C 動	충돌하다(衝突-)	衝突する
B 形	충분하다(充分-)	十分だ
B 副	충분히(充分-)	十分に、たっぷり
B 名	충청도(忠淸道)	忠淸道(チュンチョンド)
A 名	취미(趣味)	趣味

B 名	취소(取消)(하)	取消
B 動	취소하다(取消-)	取り消す、中止する
C 名	취업(就業)(하)	就業
C 名	취재(取材)(하)	取材
B 名	취직(就職)(하)	就職
B 動	취하다(取-)	取る
B 動	취하다(醉-)	❶酒に酔う ❷夢中になる
C 名	취향(趣向)	趣向、おもむき
A 名	층(層)	層
B 名	치과(齒科)[-꽈]	歯科
A 動	치다	❶打つ ❷(太鼓・ピアノなどを)引く
C 動	치다	❶(風・雨などが)強く吹きまくる ❷(稲妻が)光る ❸(波などが)打つ
C 動	치다	❶値段をつける ❷占う
C 動	치다	かける、振りかける

B	名 치료(治療)(하)	治療
C	名 치료법(治療法)	治療法
B	動 치료하다(治療-)	治療する
C	動 치르다	❶払う ❷経験する ❸済ませる、終える
A	名 치마	スカート
C	名 치아(齒牙)	歯牙
A	名 치약(齒藥)	歯磨き粉
C	補 치우다	～てしまう
B	動 치우다	❶移す ❷片付ける
B	名 치즈(cheese)	チーズ
A	名 친구(親舊)	友、友達
B	名 친절(親切)(하)	親切
A	形 친절하다(親切-)	親切だ
C	名 친정(親庭)	(嫁に行った女の)実家、里
B	名 친척(親戚)	親戚、親類
B	形 친하다(親-)	親しい
C	動 친해지다(親-)	親しくなる
A	數 칠(七)	七

ㅊ

A 数	칠십(七十)[-씹]	七十
A 名	칠월(七月)[치뤌]	七月
A 名	칠판(漆板)	黒板
C 動	칠하다(漆-)	塗る
C 名	침	唾
A 名	침대(寢臺)	ベッド
C 名	침묵(沈默)(하)	沈黙
B 名	침실(寢室)	寝室
C 形	침착하다(沈着-)[-차카-]	沈着だ、落ち着いている
A 名	칫솔(齒-)[칟쏠]	歯ブラシ
B 名	칭찬(稱讚)(하)	賞賛
C 動	칭찬하다(稱讚-)	ほめる、讃える

ㅋ

A 名	카드(card)	カード
B 名	카레(curry)	カレー
A 名	카메라(camera)	カメラ
B 名	카운터	カウンター
B 名	카페(프cafe)	カフェー
C 名	칸	間、升目
A 名	칼	刃物(刀、包丁)
C 名	칼국수[-쑤]	手作りのうどん
C 形	캄캄하다	❶真っ暗だ ❷希望が持てない ❸事情を知らない
A 名	캐나다(Canada)	カナダ
C 名	캐릭터(character)	キャラクター
B 名	캠퍼스(campus)	キャンパス
C 名	캠페인(campaign)	キャンペーン
B 形	커다랗다[-라타]	非常に大きい
B 動	커지다	大きくなる
B 名	커튼(curtain)	カーテン、窓掛け

A	名커피(coffee)	コーヒー
C	名컨디션(condition)	コンディション
C	名컬러(color)	カラー、色
A	名컴퓨터(computer)	コンピューター
A	名컵(cup)	コップ、カップ
C	名케첩(ketchup)	ケチャップ
A	動켜다	つける
B	動켜지다	(明かり・火などが)ともる、つく、つけられる
A	名코	鼻
C	名코끝[-끋]	鼻先
B	名코끼리	象
B	名코너(corner)	コーナー、隅、角
C	名코드(code)	コード
C	名코미디(comedy)	コメディー
C	名코스(course)	コース、進路
C	名코스모스(cosmos)	コスモス
C	名코치(coach)(하)	コーチ
C	名코트(court)	(テニス・バレーボール

	などの)コート
B 名 코피	鼻血
B 名 콘서트(concert)	コンサート
A 名 콜라(cola)	コーラ
B 名 콤플렉스(complex)	コンプレックス
B 名 콩	豆
B 名 콩나물	豆もやし
C 名 쾌감(快感)	快感
C 名 쿠데타	クーデター
B 名 크기	大きさ
A 動 크다	大きくなる、成長する、育つ
A 形 크다	大きい
A 名 크리스마스(Christmas)	クリスマス
C 名 크림(cream)	クリーム
B 名 큰길	大通り
C 名 큰딸	長女
B 名 큰소리	大声、大きい音
C 名 큰아들[크나-]	長男
C 名 큰아버지[크나-]	父の兄、叔父

C 名	큰어머니[크너-]	父の兄の妻、叔母
B 名	큰일[-닐]	大事
C 名	큰절	丁寧なお辞儀
C 名	클래식(classic)	クラシック
C 名	클럽(club)	クラブ
A 名	키	背
C 名	키스(kiss)(하)	キス
B 動	키우다	❶育てる ❷(財産などを)大きくする
B 名	킬로(kilo)	キロ
B 名	킬로그램(kilogram)	キログラム
B 名	킬로미터(kilometer)	キロメートル

ㅌ

C 動 타고나다	生まれつく、先天的に持って生まれる
A 動 타다	❶乗る ❷滑る
C 動 타다	❶もらう ❷授かる
C 動 타다	❶燃える ❷焦る ❸焼ける
C 動 타다	加える、混ぜる
C 名 타락(墮落)(하)	堕落
C 動 타오르다	燃え上がる
C 名 타입(type)	タイプ
C 名 타자기(打字機)	ワープロ
C 副 탁	❶ごつんと ❷ぴしゃりと
C 名 탁구(卓球)[-꾸]	卓球、ピンポン
C 形 탁월하다(卓越-)[타궐-]	卓越している
C 名 탁자(卓子)[-짜]	テーブル
C 名 탄생(誕生)(하)	誕生
C 動 탄생하다(誕生-)	誕生する

C 動	탈출하다(脱出-)	脱出する
B 名	탑(塔)	搭
C 名	탓(하)[탇]	❶せい ❷恨むこと
A 名	태권도(跆拳道)[-꿘-]	テコンド
B 名	태도(態度)	態度
C 名	태아(胎兒)	胎児
B 名	태양(太陽)	太陽
A 動	태어나다	生まれる
B 動	태우다	乗せる
B 動	태우다	❶燃やす ❷焦がす
B 名	태풍(颱風)	台風
A 名	택시(taxi)	タクシー
C 動	택하다(擇-)[태카-]	選ぶ、採択する
B 名	탤런트(talent)	タレント
B 名	터	はず
C 名	터	敷地
B 名	터널(tunnel)	トンネル
B 動	터뜨리다	爆発させる、破裂させる
B 名	터미널(terminal)	ターミナル

C 動 터지다	❶裂ける ❷突然起こる ❸ばれる
B 名 턱	あご
C 名 턱	わけ、はず
B 名 털	毛
B 動 털다	❶はたく、払う ❷奪い取る、かっぱらう
C 副 텅	がらんと、ぽっかり
A 名 테니스(tennis)(하)	テニス
C 名 테러(terror)(하)	テロ
B 名 테스트(test)(하)	テスト
A 名 테이블(table)	テーブル
B 名 테이프(tape)	テープ
C 名 텍스트(text)	テキスト
A 名 텔레비전(television)	テレビ
B 名 토끼	うさぎ
C 名 토대(土臺)	土台
B 名 토론(討論)(하)	討論
C 名 토론자(討論者)	討論者

C	動 토론하다(討論-)	討論する
C	名 토론회(討論會)	討論会
B	名 토마토(tomato)	トマト
A	名 토요일(土曜日)	土曜日
C	動 토하다(吐-)	❶(食べた物を)吐く、戻す ❷語る、話す
B	名 톤(ton)	トーン
B	名 통(桶)	桶
B	名 통(通)	通
C	名 통계(統計)(하)[-게]	統計
C	名 통과(通過)(하)	通過
C	動 통과하다(通過-)	通過する
C	名 통로(通路)[-노]	通路
B	名 통신(通信)(하)	通信
C	名 통역(通譯)(하)	通訳
B	名 통일(統一)(하)	統一
C	動 통일하다(統一--)	統一する
B	名 통장(通帳)	通帳
C	名 통제(統制)(하)	統制
C	名 통증(痛症)[-쯩]	痛み

B 動	통하다(通-)	❶通じる ❷通用する
C 名	통합(統合)(하)	統合
C 名	통화(通貨)	通貨
C 名	통화(通話)(하)	通話
B 名	퇴근(退勤)(하)	退勤
B 動	퇴근하다(退勤-)	退勤する
C 名	퇴원(退院)(하)	退院
C 動	퇴원하다(退院-)	退院する
C 名	퇴직금(退職金)[-끔]	退職金
C 形	투명하다(透明-)	透明だ
C 名	투자(投資)(하)	投資
C 名	투표(投票)(하)	投票
C 動	튀기다	❶弾く、飛ばす ❷揚げる
C 名	튀김	天ぷら、揚げ物
C 動	튀다	❶はじける ❷飛び散る ❸すばやく逃げる
C 動	튀어나오다	飛び出す、飛び出る
C 名	트럭(truck)	トラック
C 動	트이다	❶開ける、通じる

		❷よくなる
C 名	특급(特級)[-끕]	特急
B 名	특별(特別)(하)[-뻘]	特別
B 形	특별하다(特別-)[-뻘-]	特別だ
B 副	특별히(特別-)[-뻘-]	特別に
C 名	특성(特性)[-썽]	特性
C 名	특수(特殊)(하)[-쑤]	特殊
C 名	특수성(特殊性)[-쑤썽]	特殊性
C 形	특이하다(特異-)[트기-]	特異だ
C 形	특정하다(特定-)[-쩡-]	特定だ
B 名	특징(特徵)[-찡]	特徴
B 副	특히(特-)[트키]	特に
B 形	튼튼하다	❶丈夫だ、健康だ ❷頑丈だ、堅固だ
C 副	튼튼히	丈夫に、頑丈に、堅固に、しっかり
C 名	틀	型、枠
B 動	틀다	❶ねじる ❷つける
B 動	틀리다	❶間違える、誤る ❷ねじって開けられる

B	形	틀림없다[-리멉따]	確かだ、間違いない
C	副	틀림없이[-리멉시]	確かに、間違いなく
C	名	틈	隙間、割れ目
A	名	티브이(TV)	テレビ
B	名	티셔츠(T-shirts)	ティーシャツ
A	名	팀(team)	チーム

ㅍ

B 名 파		ネギ
C 動 파괴하다(破壊-)		破壊する
C 動 파다		掘る、掘り出す
B 名 파도(波濤)		波
A 名 파란색(-色)		青色
B 形 파랗다[-라타]		青い
B 名 파리		はえ
B 名 파리(Paris)		パリ
C 動 파악하다[-아카-]		把握する
B 名 파일(file)		ファイル
C 名 파출소(派出所)[-쏘]		交番
A 名 파티(party)(하)		パーティー
C 名 판		場
C 名 판		度、回、戦
C 名 판(板)		板
C 名 판(版)		版(印刷版などの総称)
C 名 판결(判決)(하)		判決
B 名 판단(判斷)(하)		判断

C 動	판단하다(判斷-)	判断する
B 名	판매(販賣)(하)	販売
C 動	판매되다(販賣-)	販売される
B 動	판매하다(販賣-)	販売する
C 名	판사(判事)	裁判官
A 名	팔	腕
A 数	팔(八)	八
A 動	팔다	❶売る ❷(目を)そらす
B 動	팔리다	❶売れる ❷気を奪われる
A 数	팔십(八十)[-씹]	八十
A 名	팔월(八月)[파뤌]	八月
C 名	팝송(pop song)	洋風の流行歌
B 名	패션(fashion)	ファッション
B 名	팩(pack)	パック
C 名	팩스(fax)	ファックス
C 名	팩시밀리(facsimile)	ファクシミリ
B 名	팬(fan)	ファン
B 名	팬(pan)	パン
B 名	팬티(panties)	パンツ、パンティー

A 名	퍼센트(percent)	パーセント
C 動	퍼지다	❶広がる ❷効く、回る ❸増える、栄える
C 副	퍽	非常に、すごく
A 名	페인트(paint)	ペイント、ペンキ
C 動	펴내다	発行する
B 動	펴다	❶広げる、敷く ❷伸ばす ❸気を楽にする
C 名	편	方、側
C 名	편(便)	便
B 名	편(篇)	篇
C 名	편견(偏見)	偏見
B 形	편리하다(便利−)[펼−]	便利だ
B 形	편안하다(便安−)[펴난−]	無事だ、安らかだ
C 名	편의(便宜)[펴니]	便宜
C 名	편의점(便宜店)[펴니−]	コンビニ
A 名	편지(便紙)(하)	手紙
B 形	편하다(便−)	❶たやすい、便利だ ❷安らかだ、気楽だ

374

B 副 편히(便-)	気楽に、ゆったりと
B 動 펼쳐지다	広がる
C 名 평(坪)	坪
C 名 평(評)	評
C 名 평가(評價)(하)[-까]	評価
C 動 평가되다(評價-)[-까-]	評価される
C 動 평가하다(評價-)[-까-]	評価する
C 名 평균(平均)(하)	平均
B 形 평범하다(平凡-)	平凡だ
C 名 평상시(平常時)	平常、普段、日頃
B 名 평생(平生)	一生
B 名 평소(平素)	普段、常日頃
C 名 평양(平壤)	平壌(ピョンヤン)
B 名 평일(平日)	平日
B 名 평화(平和)(하)	平和
C 形 평화롭다(平和-)[-따]	平和だ
C 名 폐지(廢止)(하)[폐-]	廃止
C 形 포근하다	❶柔らかくて暖かい、ふわふわしている ❷穏やかだ

B 動	포기하다(抛棄-)	放棄する、諦める
A 名	포도(葡萄)	葡萄
B 名	포도주(葡萄酒)	葡萄酒、ワイン
B 名	포스터(poster)	ポスター
C 名	포인트(point)	ポイント
B 名	포장(包裝)(하)	包装
C 名	포장마차(布帳馬車)	屋台
C 名	포크(fork)	フォーク
C 名	포함(包含)(하)	包含
B 動	포함되다(包含-)	包含される、含まれる
B 動	포함하다(包含-)	包含する、含む
B 名	폭(幅)	幅
C 形	폭넓다(幅-)[퐁널따]	幅広い、度量が多きい
C 名	폭력(暴力)[퐁녁]	暴力
A 名	표(票)	票
C 名	표(表)	表
C 名	표면(表面)	表面
C 名	표시(標示)(하)	標示
C 名	표시(表示)(하)	表示
C 動	표시하다(標示-)	標示する

B	動	표시하다(表示-)	表示する
B	名	표정(表情)	表情
C	名	표준(標準)	標準
B	名	표현(表現)(하)	表現
C	動	표현되다(表現-)	表現される
B	動	표현하다(表現-)	表現する
C	動	푸다	すくい取る、くむ
B	形	푸르다	青い
B	副	푹	❶ぶすっと、ぐさりと ❷すっぽりと
B	名	풀	草
B	名	풀	のり
B	動	풀다	❶解く、ほどく ❷溶かす ❸(鼻を)かむ
B	動	풀리다	❶解ける、ほどける ❷消える、治る ❸自由になる、釈放される
C	動	풀어지다[푸러-]	解ける、和らぐ
C	名	품	❶品 ❷懐 ❸身幅

B 動	품다[-따]	抱く
C 名	품목(品目)	品目
C 名	품질(品質)	品質
B 名	풍경(風景)	風景
C 形	풍부하다(豊富-)	豊富だ
C 名	풍속(風俗)	風俗
C 名	풍습(風習)	風習
A 名	프랑스(France)	フランス
B 名	프로(professional)	プロ
B 名	프로(program)	番組
B 名	프로그램(program)	プログラム
C 名	프린터(printer)	プリンター
B 名	플라스틱(plastic)	プラスチック
B 名	피	血
C 名	피곤(疲困)(하)	疲れ
A 形	피곤하다(疲困-)	疲れている
B 動	피다	(花が)咲く、開く
C 名	피디(PD)	プロデューサー
B 名	피로(疲勞)(하)	疲労
B 形	피로하다(疲勞-)	疲れている

C	名 피망(프piment)	ピーマン
B	名 피부(皮膚)	皮膚、肌
B	名 피시(PC)	パソコン
A	名 피아노(piano)	ピアノ
A	動 피우다	❶(タバコを)吸う
		❷(火を)起こす
A	名 피자(pizza)	ピッツァ
C	動 피하다(避-)	避ける、よける
C	名 피해(被害)	被害
C	名 피해자(被害者)	被害者
B	名 필름(film)	フィルム
C	名 필수(必須)[-쑤]	必須
C	名 필수적(必須的)[-쑤-]	必須的
C	名 필연적(必然的)[피련-]	必然的
A	名 필요(必要)(하)[피료]	必要
C	名 필요성(必要性)[피료-]	必要性
A	形 필요하다(必要-)[피료-]	必要だ、要る
C	名 필자(筆者)[-짜]	筆者
B	名 필통(筆筒)	筆箱
C	名 핑계[-게]	口実、言い訳

ㅎ

C	名 하(下)	下
C	副 하긴	そういえば、もっとも
A	数 하나	一つ、一、一人、一件
A	名 하나	❶一つ、一体 ❷唯一
C	名 하나님	神、神様
C	副 하나하나	❶一つずつ ❷漏れなく
C	名 하나하나	一つ一つ、いちいち
C	名 하느님	神、神様
A	名 하늘	空
A	補 하다	❶(〜しようと)する ❷〜せる、〜させる
A	動 하다	する、行う
C	副 하도	とても、あまりにも
C	名 하드웨어(hardware)	ハードウェア
B	名 하루	一日
C	名 하룻밤[-룯빰]	一晩、一夜
C	名 하반기(下半期)	下半期
B	名 하숙집(下宿-)[-찝]	下宿屋

C 名	하순(下旬)	下旬
B 名	하얀색(-色)	白い色
B 形	하얗다[-야타]	白い
B 副	하여튼(何如-)	とにかく
A 副	하지만	しかし、けれども
C 名	하천(河川)	河川
B 名	하품(하)	あくび
C 副	하필(何必)	よりによって、どうして
B 感	하하	❶(口を大きく開けて笑う様子)はは ❷(ため息を漏らす様子)ああ
C 名	학과(學科)[-꽈]	学科
A 名	학교(學校)[-꾜]	学校
C 名	학교생활(學校生活)[-꾜-]	学校生活
C 名	학급(學級)[-끕]	学級、クラス
B 名	학기(學期)[-끼]	学期
A 名	학년(學年)[항-]	学年
C 名	학력(學歷)[항녁]	学歴

ㅎ

381

C 名	학번(學番)[-뻔]	学籍番号
C 名	학부모(學父母)[-뿌-]	学生の父母
C 名	학비(學費)[-삐]	学費
A 名	학생(學生)[-쌩]	学生
B 名	학생증(學生證)[-쌩쯩]	学生証
C 名	학술(學術)[-쑬]	学術
B 名	학습(學習)[-씁]	学習
C 名	학용품(學用品)[하굥-]	学用品
B 名	학원(學院)[하권]	学院、塾
C 名	학위(學位)[하귀]	学位
C 名	학자(學者)[-짜]	学者
C 名	학점(學點)[-쩜]	履修単位
A 冠	한	❶一つの ❷同じ ❸おおよそ、だいたい
C 名	한(恨)	恨み
C 名	한(限)	限り
C 名	한가운데	真ん中
C 形	한가하다(閑暇-)	暇だ
A 名	한강(漢江)	漢江(ハンガン)
C 名	한겨울	真冬

C 副	한결	ひとしお、一層、はるかに
C 名	한계(限界)	限界
C 名	한구석	片隅、一隅
A 名	한국(韓國)	韓国
A 名	한국말(韓國-)[-궁-]	韓国の言葉
A 名	한국어(韓國語)[-구거]	韓国語
B 名	한국적(韓國的)[-쩍]	韓国的
A 名	한글	ハングル
C 名	한글날[-랄]	ハングルの日
B 副	한꺼번에[-버네]	一度に、いっしょに、いっぺんに
C 名	한낮[-낟]	真昼
C 名	한눈	一目
C 副	한데	ひと所、一か所、同じ所
B 名	한동안	暫くの間
B 冠	한두	一つか二つ、1〜2
B 数	한둘	一つか二つ
C 名	한때	一時、暫くの間

ㅎ

383

B 名	한라산(漢拏山)[할-]	ハンラサン
C 名	한마디(하)	一言
C 名	한문(漢文)	漢文
C 名	한반도(韓半島)	朝鮮半島
C 名	한밤중(-中)[-쫑]	真夜中
A 名	한번(-番)	一度、一回、いっぺん、ちょっと
A 名	한복(韓服)	韓国の伝統服、ハンボク
C 名	한순간(-瞬間)	一瞬の間
B 名	한숨	一息
C 名	한식(韓食)	韓食
C 名	한여름[-녀-]	真夏
A 名	한자(漢字)[-짜]	漢字
B 名	한잔(-盞)	一杯
B 動	한잔하다(-盞-)	一杯やる
C 動	한정되다(限定-)	限定される
C 動	한정하다(限定-)	限定する
B 名	한쪽	一方、片方
B 名	한참	はるかに、ずっと、

		しばらく
C 副	한창	盛んに
C 副	한층(-層)	いっそう、ひとしお、ひときわ、もっと
B 副	한편(-便)	一方では、かたわら
B 名	한편(-便)	❶一方 ❷味方
C 名	한평생(-平生)	一生涯、一生
C 動	한하다(限-)	限る、制限する
A 名	할머니	祖母、お祖母さん
A 名	할아버지[하라-]	祖父、お爺さん
B 名	할인(割引)(하)[하린]	割引
A 副	함께	いっしょに、ともに
C 動	함께하다	共にする
B 副	함부로	むやみに、やたらに、みだりに、いいかげんに
B 名	합격(合格)(하)[-꺽]	合格
C 動	합격하다(合格-)[-껴카-]	合格する
C 名	합리적(合理的)[함니-]	合理的
B 動	합치다(合-)	合わせる、取り混ぜる

ㅎ

385

C 動	합하다(合-)[하파-]	(二つ以上のものが)一つになる、合わせる
C 名	항공(航空)	航空
C 名	항공기(航空機)	航空機
C 名	항구(港口)	港
A 副	항상(恒常)	いつも、常時、ふだん、絶えず
C 名	항의(抗議)(하)[-이]	抗議
A 名	해	年
A 名	해	日、太陽
C 名	해(害)(하)	害
B 名	해결(解決)(하)	解決
C 動	해결되다(解決-)	解決される
B 動	해결하다(解決-)	解決する
C 名	해군(海軍)	海軍
C 動	해내다	成し遂げる、やり抜く
C 名	해답(解答)(하)	解答
C 名	해당(該當)(하)	該当
C 動	해당되다(該當-)	該当する
C 動	해당하다(該當-)	該当する

C	形 해롭다(害-)[-따]	害になる、有害である
B	副 해마다	毎年、年ごと、年々
C	名 해물(海物)	海産物、海の幸
B	名 해석(解釋)(하)	解釈
C	名 해석(解析)(하)	解析
C	動 해석하다(解釋-)[-서카-]	解釈する
C	名 해설(解說)(하)	解説
C	名 해소(解消)(하)	解消
C	動 해소하다(解消-)	解消する
C	名 해수욕장(海水浴場)[-짱]	海水浴場
C	名 해안(海岸)	海岸
B	名 해외(海外)	海外
B	名 해외여행(海外旅行)	海外旅行
C	名 핵(核)	核
C	名 핵심(核心)[-씸]	核心
C	名 핸드백(handbag)	ハンドバック
A	名 핸드폰(hand phone)	携帯電話
C	名 햄(ham)	ハム
A	名 햄버거(hamburger)	ハンバーガー
B	名 햇볕[핻뼏]	日ざし、照り、天日

B 名	햇빛[핻삗]	日光、日の光
B 名	햇살[핻쌀]	太陽の光線、日差し
B 名	행동(行動)(하)	行動
B 動	행동하다(行動-)	行動する
B 名	행복(幸福)(하)	幸福
B 形	행복하다(幸福-)[-보카다]	幸福だ、幸せだ
B 名	행사(行事)(하)	行事
C 名	행사(行使)(하)	行使
C 名	행운(幸運)	幸運
C 名	행위(行爲)	行為
C 動	행하다(行-)	行う、果たす
C 動	행해지다(行-)	行われる
C 名	향(香)	香
B 名	향기(香氣)	香気、香り
C 名	향상(向上)(하)	向上
C 動	향상되다(向上-)	向上する
B 名	향수(香水)	香水
B 動	향하다(向-)	向く、面している
C 名	허가(許可)(하)	許可
C 名	허락(許諾)(하)	承諾、許し

C 動	허락하다(許諾-)[-라카-]	承諾する、許す
A 名	허리	腰
C 名	허용(許容)(하)	許容
C 動	허용되다(許容-)	許容される
B 動	허용하다(許容-)	許容する
C 副	허허	(うれしくて大きく笑う声)はっはっはと
B 冠	헌	古い
C 動	헤매다	❶さまよう、うろつく ❷考えがまとまらない
C 動	헤아리다	❶ざっと数える ❷察する
B 動	헤어지다	❶別れる、離れる ❷張り裂ける
C 名	헬기(helicopter機)	ヘリコプター
B 名	혀	舌
C 冠	현(現)	現〜
B 名	현관(玄關)	玄関
C 名	현관문(玄關門)	玄関ドア
B 名	현금(現金)	現金

389

B 名 현대(現代)	現代
C 名 현대인(現代人)	現代人
C 名 현대적(現代的)	現代的
C 名 현상(現象)	現象
C 名 현실(現實)	現実
C 名 현실적(現實的)[-쩍]	現実的
C 名 현장(現場)	現場
B 名 副 현재(現在)	現在
B 名 현지(現地)	現地
C 名 혈액(血液)[혀랙]	血液
C 名 협력(協力)(하)[혐녁]	協力
A 名 형(兄)	兄(男性から言う場合)
C 名 형(型)	型
B 名 형님(兄-)	お兄さん('형'の尊敬語)
B 名 형부(兄夫)	姉の夫、義兄
C 名 형사(刑事)	刑事
C 名 형성(形成)(하)	形成
C 動 형성되다(形成-)	形成される
C 動 형성하다(形成-)	形成する

C 名	형수(兄嫂)	兄の妻、義姉
C 名	형식(形式)	形式
C 名	형식적(形式的)[-쩍]	形式的
B 名	형제(兄弟)	兄弟
C 名	형태(形態)	形態
C 名	형편(形便)	都合
C 名	혜택(惠澤)[혜-]	恵沢、恩恵、恵み
A 名	호(號)	号
C 名	호기심(好奇心)	好奇心
C 名	호남(湖南)	湖南(ホナム)
B 名	호랑이(虎狼-)	虎
C 名	호박	かぼちゃ
B 名	호선(號線)	号線
B 名	호수(湖水)	湖
C 名	호실(號室)	号室
A 名	호주(濠洲)	オーストラリア
C 名	호주머니(胡-)	ポケット
A 名	호텔(hotel)	ホテル
C 名	호흡(呼吸)(하)	呼吸
C 副	혹시(或是)[-씨]	万一、もしも、ある

		いは、もしかすると
B 副	혹은(或-)[호근]	あるいは、または
C 動	혼나다(魂-)	❶叱られる
		❷ひどい目にあう
A 名	혼자	一人、独り
C 名	혼잣말[-잔-]	独りごと
C 副	홀로	一人で、一人きりで
A 名	홈페이지(homepage)	ホームページ
C 名	홍보(弘報)(하)	弘報
C 名	홍수(洪水)	洪水
B 名	홍차(紅茶)	紅茶
A 名	화(火)	❶火 ❷怒り
B 名	화가(畫家)	画家
B 動	화나다(火-)	怒る、腹が立つ
A 形	화려하다(華麗-)	華麗だ、派手だ
C 名	화면(畫面)	画面
B 名	화분(花盆)	植木鉢
C 名	화살	矢
A 名	화요일(火曜日)	火曜日
C 名	화장(化粧)(하)	化粧

A 名	화장실(化粧室)	お手洗い、トイレ
C 名	화장지(化粧紙)	トイレットペーパー
B 名	화장품(化粧品)	化粧品
C 名	화재(火災)	火災
C 名	화제(話題)	話題
C 名	화학(化學)	化学
C 副	확	❶(風などが吹くさま)ひゅうと、びゅうと ❷(火が燃え上がるさま)ぽっと、ぱっと
B 動	확대되다(擴大-)[-때-]	拡大される
B 動	확대하다(擴大-)[-때-]	拡大する
C 動	확립하다(確立-)[황니파-]	確立する
C 名	확보(確保)(하)[-뽀]	確保
C 動	확산되다(擴散-)[-싼-]	拡散する
C 名	확신(確信)(하)[-씬]	確信
C 動	확신하다(確信-)[-씬-]	確信する
B 形	확실하다(確實-)[-씰-]	確実だ、確かだ
B 副	확실히(確實-)[-씰-]	はっきりと、確実に、確かに、

B 名	확인(確認)(하)[화긴]	確認
C 動	확인되다(確認-)[화긴-]	確認される
B 動	확인하다(確認-)[화긴-]	確認する
C 名	확장(擴張)(하)[-짱]	拡張
C 名	확정(確定)(하)[-쩡]	確定
B 名	환갑(還甲)	還暦、本卦還り
B 名	환경(環境)	環境
C 名	환경오염(環境汚染)	環境汚染
B 名	환영(歡迎)(하)[화녕]	歓迎
C 動	환영하다(歡迎-)[화녕-]	歓迎する
C 名	환율(換率)[-뉼]	為替
A 名	환자(患者)	患者
C 形	환하다	❶明るい ❷立派だ ❸詳しい
C 名	활기(活氣)	活気
B 名	활동(活動)(하)[-똥]	活動
B 動	활동하다(活動-)[-똥-]	活動する
B 動	활발하다(活動-)	活発だ
C 動	활발해지다(活潑-)	活発になる
C 副	활발히(活潑-)	活発に

C 名	활용(活用)(화)[화룡]	活用
B 動	활용하다(活用-)[화룡-]	活用する
C 副	활짝	❶ぱあっと ❷からりと、からっと
C 名	회(回)	回
C 名	회견(會見)(하)	会見
C 名	회관(會館)	会館
C 名	회복(回復)(하)	回復
C 動	회복되다(回復-)	回復する
B 動	회복하다(回復-)[-보카-]	回復する
A 名	회사(會社)	会社
B 名	회색(灰色)	ねずみ色
B 名	회원(會員)	会員
A 名	회의(會議)(하)[-이]	会議
C 名	회의(懷疑)(하)[-이]	懐疑
B 名	회장(會長)	会長
C 名	회전(回轉)(하)	回転
B 名	회화(繪畫)	絵画
C 名	횟수(回數)[회쑤]	回数
B 名	횡단보도(橫斷步道)	横断歩道

ㅎ

B	名 효과(效果)	効果
C	名 효과적(效果的)	効果的
C	名 효도(孝道)(하)	親孝行
C	動 효도하다(孝道-)	孝行する
C	名 효율적(效率的)[-쩍]	効率的
C	名 효자(孝子)	孝子、親孝行な子
A	名 후(後)	後
C	名 후기(後期)	後期
C	名 후반(後半)	後半
B	名 후배(後輩)	後輩
C	名 후보(候補)	候補
B	名 후춧가루[-춛까-]	こしょう
C	名 후회(後悔)(하)	後悔
B	動 후회하다(後悔-)	後悔する
C	名 훈련(訓練)(하)[훌-]	訓練
B	形 훌륭하다	立派だ、見事だ、偉い
C	動 훔치다	❶盗む ❷拭く
B	副 훨씬	ずっと、はるかに
B	名 휴가(休暇)	休暇
C	名 휴식(休息)	休息

A 名	휴일(休日)	休日
A 名	휴지(休紙)	塵紙、鼻紙
A 名	휴지통(休紙桶)	ゴミ箱
C 名	흉내	真似
C 動	흐려지다	❶曇る ❷濁る
B 動	흐르다	流れる
C 名	흐름	流れ
C 形	흐리다	はっきりしない
B 動	흐리다	❶曇っている ❷濁っている
C 名	흑백(黑白)[-빽]	白黒
C 名	흑인(黑人)[흐긴]	黒人
B 動	흔들다	❶揺する ❷振る ❸揺り動かす
C 動	흔들리다	揺れる、揺らぐ
C 名	흔적(痕跡)	痕跡、跡
C 形	흔하다	珍しくない、ありふれている
B 副	흔히	よく、多く
B 動	흘러가다	流れていく、流れる

B	動 흘러나오다	流れてくる
C	動 흘러내리다	❶流れ下る ❷流れ落ちる ❸こぼれる
B	動 흘리다	❶流す ❷聞き流す ❸こぼす
B	名 흙[흑]	土
B	名 흥미(興味)	興味
C	形 흥미롭다(興味-)[-따]	興味深い
C	名 흥분(興奮)(하)	興奮
C	動 흥분하다(興奮-)	興奮する
C	動 흩어지다[흐터-]	散る、散らばる
C	名 희곡(戲曲)[히-]	戯曲
B	形 희다[히-]	白い
B	名 희망(希望)(하)[히-]	希望
C	動 희망하다(希望-)[히-]	希望する、望む
C	名 희생(犧牲)(하)[히-]	犠牲
C	動 희생하다(犧牲-)[히-]	犠牲にする
A	名 흰색(-色)[힌-]	白色
A	名 힘	力
C	形 힘겹다[-따]	力に余る

C 副	힘껏[-껀]	力の限り、精いっぱい
A 形	힘들다	難しい、手におえない
C 動	힘들어하다[-드러-]	苦労する
C 動	힘쓰다	力を出す、努力する
C 副	힘없이[히업시]	力なく、元気なく
C 形	힘차다	非常に元気だ、勇ましい、力に余る

▶ 저자
이재욱(李在郁)
- 베이징대학 중문과 박사과정 수료
- 베이징교민신문〈베이징 저널〉편집의원
- 'HSK지상강좌'와 '금주초점' 연재

▶ 편집의원
村上綾子(무라카미 아야코)・矢山香代子(아야마 카요코)

外国人が必ず知るべき
韓国語必須単語 6000

초판 인쇄	2006년 6월 20일
초판 6쇄	2024년 6월 1일
저자	이재욱
편집	권이준, 김아영
펴낸이	엄태상
콘텐츠 제작	김선웅, 장형진
마케팅 본부	이승욱, 왕성석, 노원준, 조성민, 이선민
경영기획	조성근, 최성훈, 김다미, 최수진, 오희연
물류	정종진, 윤덕현, 신승진, 구윤주
펴낸곳	한글파크
주소	서울시 종로구 자하문로 300 시사빌딩
주문 및 교재 문의	1588-1582
팩스	0502-989-9592
홈페이지	http://www.sisabooks.com
이메일	book_korean@sisadream.com
등록일자	2000년 8월 17일
등록번호	제300-2014-90호

ISBN 978-89-5518-488-4 13710

* 한글파크는 랭기지플러스의 임프린트사이며, 한국어 전문 서적 출판 브랜드입니다.
* 이 책의 내용을 사전 허가 없이 전재하거나 복제할 경우 법적인 제재를 받게 됨을 알려 드립니다.
* 잘못된 책은 구입하신 서점에서 교환해 드립니다.
* 정가는 표지에 표시되어 있습니다.